Humanus

Der Sklavenhandel in Afrika und seine Gräuel.

Beleuchtet nach den Vorträgen des Kardinals Lavigerie. Hrsg. zur Förderung des Afrika-Vereins für die Katholiken Deutschlands

Humanus

Der Sklavenhandel in Afrika und seine Gräuel.
Beleuchtet nach den Vorträgen des Kardinals Lavigerie. Hrsg. zur Förderung des Afrika-Vereins für die Katholiken Deutschlands

ISBN/EAN: 9783743335929

Hergestellt in Europa, USA, Kanada, Australien, Japan

Cover: Foto ©ninafisch / pixelio.de

Manufactured and distributed by brebook publishing software (www.brebook.com)

Humanus

Der Sklavenhandel in Afrika und seine Gräuel.

Der Sclavenhandel in Afrika und seine Greuel,

beleuchtet

nach den Vorträgen des Cardinals Lavigerie
und Berichten von Missionaren und Forschern

von

Humanus.

— —

Herausgegeben zur Förderung

des

Afrika-Vereins für die Katholiken Deutschlands.

Mit Portrait des Cardinals Lavigerie.

———•———

Münster i. W.

Verlag von Heinrich Schöningh.

1888.

Ein Nothschrei,

so ergreifend und schaurig, wie ihn die Weltgeschichte nicht oft verzeichnet, durchzittert in diesen Tagen Europa. Mitten im neunzehnten Jahrhundert, dem Jahrhundert der Bildung, der Aufklärung, der allgemeinen Menschenliebe erleben wir, daß jener Erdtheil, dessen Gebiete zum Theile von Deutschland und anderen europäischen Staaten als ihr Eigenthum erklärt sind, fortdauernd der Schauplatz von Greueln und Schandthaten ist, wie wir sie in solchem Umfange und in solcher Grausamkeit selbst dort nicht gesucht haben. Mord, Brand und Verachtung der ersten Menschenrechte herrschen in jenem Lande, die Sclaverei verödet strichweise ganze Provinzen; was nicht grausam ermordet wird, ist verurtheilt, sein Leben jammervoll in einem Zustande hinzuschleppen, der schlimmer ist als der Tod selbst.

Es wäre ein großer Irrthum, wenn man glauben wollte, die Sclaverei sei durch die Mächte gänzlich abgeschafft worden oder bestehe wenigstens nur in geringem und weniger schrecklichem Maße fort. Es giebt in Afrika noch weite Gegenden von ungeheurer Ausdehnung, wo der Sclavenhandel mit all' seinen Greueln nicht blos fortbetrieben wird, sondern gerade jetzt mehr in Blüthe steht, als je zuvor. Afrika galt Jahrhunderte hindurch für uns Europäer als der schwarze, undurchdringliche Continent, aber seit neuerer Zeit ist es menschlichem Muthe und menschlicher Ausdauer gelungen, Wege und Verbindungen in sein Inneres zu finden: Reisende im Dienste der Wissenschaft und des Handels, Missionare im Dienste des Evangeliums dringen täglich weiter vor, und wenn sie uns Manches berichten, was Unternehmungslustige reizt, dort zu suchen, was die Heimath ihnen versagt hat, so erfahren wir anderseits auch wieder schreckliche Dinge, bei deren Anhören dem menschlich Fühlenden das Blut in den Adern zu erstarren droht. Dort, in jenen Gegenden ist es, wo der zur Bestie herabgesunkene Mensch auf seines Gleichen Jagd macht, wo er um schnöden Geldgewinn, ja zur Befriedigung seiner Blutgier unschuldiges Blut in Strömen vergießt, wo der friedliche Einwohner von seinem Acker, aus seiner Hütte, aus dem Kreise seiner Familie gerissen wird, um als Sclave unter gräßlichen Leiden hunderte von Meilen weit fortgetrieben und verkauft zu werden. Mit tiefem Schmerze äußerte sich unser heil. Vater Leo XIII. in seiner Encyklika an die brasilianischen Bischöfe vom 5. Mai 1888 über die noch immer bestehende Sclaverei in Afrika folgendermaßen:

„Wenn auch der Menschenhandel auf dem Meere aufgehört hat, so wird er doch auf dem Lande nur allzu häufig und grausam ausgeübt. Da nämlich die Muhamedaner den verkehrten Satz aufgestellt haben, die Aethiopier und ähnliche Völker ständen kaum etwas höher als das Thier, kann man nur schaudernd die Niedertracht und Unmenschlichkeit jener Leute ansehen. Unversehens brechen sie wie Räuber in die Dörfer der nichts ahnenden Aethiopier ein, verwüsten Alles, plündern und rauben: Männer, Weiber und Kinder werden gefangen, gebunden fortgeführt und mit Gewalt auf die abscheulichen Sclavenmärkte geschleppt. Aus Aegypten, Zanzibar, zum Theil aus dem Sudan, als von Stapelplätzen aus, werden diese verabscheuungswürdigen Züge unternommen. In langen Märschen gehen mit Ketten beladene Männer einher, bei erbärmlicher Kost, unter häufigen Schlägen. Die das zu zu ertragen zu schwach sind, werden getödtet; die es überstehen, werden mit Anderen heerdenweise zum Verkaufe gebracht und dem harten, schamlosen Käufer vorgeführt. Sobald einer verkauft ist, wird der Mann vom Weibe, Kinder werden von den Eltern gerissen. Der Verkaufte wird der Knechtschaft überliefert, einer harten, furchtbaren Sclaverei, bei der er auch das Gesetz Muhamed's nicht von sich weisen kann. Mit tiefstem Schmerze haben Wir das noch neulich von Solchen erfahren, welche selbst diese Schande und Scheußlichkeit unter Thränen geschaut haben, und mit ihren Erzählungen stimmen überein die Berichte der neuesten Erforscher Afrikas. Aus ihrem Zeugnisse geht hervor, daß an 400 000 Neger alljährlich wie das Vieh verhandelt werden. Die Hälfte davon bricht auf den Wegen ermattet zusammen, so daß die Reisenden in jenen Gegenden den Pfad mit den Gebeinen derselben bezeichnet finden."

So Leo XIII., dessen Wort allein für jeden Katholiken einen überzeugenden Werth hat. Aber dieser glorreiche Papst, dessen Herz nicht allein für die Seinen, sondern auch für alle Leidenden und Bedrängten in warmer Liebe schlägt, läßt es nicht bei Klagen bewenden: er hält den heutigen Zeitpunkt, wo die Mächte Europas beginnen, festen Fuß zu fassen in Afrika, wo sie gewissermaßen jenen Erdtheil unter sich getheilt haben, für günstig, um eine große Bewegung gegen jenen verabscheuungswürdigen Unfug ins Leben zu rufen und dadurch thatsächlich zur Linderung des Looses der Millionen Unglücklichen beizutragen. An Alle, die ein menschliches Herz in der Brust haben, wendet er sich, wenn er ausruft:

„Muß man nicht bei dem Gedanken an solches Elend gerührt werden? Wir, als Stellvertreter Christi, des liebevollen Erretters und Erlösers aller Völker, die Wir Uns so sehr erfreuen der vielfachen, ruhmvollen Verdienste der Kirche um Alle, die mit Mühsal beladen sind, Wir können kaum aussprechen, welches Mitleiden mit jenen unglückseligen Völkern Uns erfaßt, wie Wir mit allumfassender Liebe die Arme nach ihnen ausbreiten, wie sehr Wir wünschen, ihnen jedwede Erleichterung und Hülfe zu verschaffen, damit dieselben, wenn sie zugleich mit der Knechtschaft der Menschen die Knechtschaft des Aberglaubens abgeschüttelt haben, endlich dem einen, wahren Gotte dienen könnten, unter dem so süßen Joche Christi, und mit Uns der göttlichen Erbschaft theilhaftig würden. O möchten doch Alle, die hervorragen durch Macht und Herrschaft, Alle, die das Völkerrecht und das Recht der Menschlichkeit heilig halten, Alle, welche für die Ausbreitung der katholischen Religion Interesse besitzen, Unseren Ermahnungen und Bitten Folge leistend, gemeinsam mit allen Kräften auf die Unterdrückung, Verhinderung und gänzliche Vernichtung dieses schändlichen, verbrecherischen Handels hinwirken!"

Und das Wort des Stellvertreters Christi ist nicht ungehört verhallt. Gott hat für das große Werk einen Apostel erweckt, der die Autorität seiner eigenen langjährigen Erfahrung in die Wagschale zu werfen hat und an dessen Wahrheitsliebe noch kein Mensch zu zweifeln gewagt. Kaum hat Leo XIII. seine Stimme ertönen lassen, als auch bereits der hochbetagte, von der Bürde eines fünfundzwanzigjährigen Episkopats fast erdrückte Primas von Afrika, Msgr. Lavigerie, Erzbischof von Karthago, Algier und Tunis, Cardinal der hl. römischen Kirche, auf dem Wege nach Rom ist, um sich wie ein zweiter St. Bernard den Segen und die Instruktion des Papstes zu erbitten und dann hinauszuziehen in die Welt, den neuen Kreuzzug zu predigen, den Kreuzzug gegen die verthierten Sclavenhändler, deren Wüthen, deren Schandthaten mit ihren traurigen Folgen er in nächster Nähe gesehen und erlebt hat. Wir sind ihm gefolgt nach Paris, nach London, nach Belgien, überall sich an die

Mächtigen und Einflußreichen, wie an die Menschlichkeit überhaupt wendend, um den Boden vorzubereiten, wie es nothwendig ist, soll der Samen des Wortes Leo's XIII. aufgehen und gute Früchte tragen.

Wer den hehren Gottesmann gehört hat, wer Zeuge war, wie der ehrwürdige Hirte mit vor Schmerz zitternder Stimme um Erbarmen, um Hülfe, um Rettung für seine erwürgten Schafe flehte, wer ihn hörte, wie er flammenden Blickes der in Selbstsucht verstrickten Welt die Frage zurief: Was habt Ihr gewirkt mit den Glücksgütern, die Euch Gott gegeben, wie erfüllet Ihr die Pflicht des Christen, den Bedrängten Hülfe, den im Unglauben Schmachtenden das Licht des Evangeliums zu bringen? — Wer seine grauenhaften Schilderungen angehört hat, dessen Brust mußte sich krampfhaft zusammenziehen und wohl Niemand wird dem Rufe zu folgen sich weigern, den der Cardinal an Alle richtet, zu helfen.

Aber auch der eifrigste Prediger für eine gute Sache kann nicht überall seine Stimme hören lassen, die Begeisterung, die er weckt, bleibt in engen Grenzen, wenn sie nicht hinausgetragen wird, weit hinaus über den Kreis seiner Zuhörer. Seine Darlegungen, seine Bitten, sein Flehen richten sich an Alle, aber nur verhältnißmäßig Wenige haben das Glück gehabt, den ehrwürdigen Greis zu sehen, ihre Begeisterung an dem Blitzen seiner Augen zu entzünden, seine ergreifende Sprache sich zu Herzen gehen zu lassen. Die Weiterverbreitung seiner Klagen und Bitten ist Ehrensache der Presse, und wir können es der katholischen Tagespresse zum Lobe nachsagen, daß sie in den ihr gezogenen Grenzen Vieles zur Förderung des Wertes beigetragen hat; selbst die nichtkatholische anständige Presse hat es anerkannt, daß das Streben des greisen Bischofs aller Beachtung würdig ist.

Wenn wir es nun heute unternehmen, die hauptsächlichsten Beweggründe für den von Leo XIII. und seinem Cardinal unternommenen Feldzug zur Abschaffung der Sclaverei zusammenzustellen und in klarer, für Jeden faßlichen Form in einer Druckschrift zu vereinigen, so leitet uns der Wunsch, dem erhabenen Apostel der Sclavenbefreiung zu Hülfe zu kommen, seine Worte, sowie die Thatsachen, worauf sich dieselben stützen, in möglichst weite Kreise zu tragen und so auch unsererseits einen bescheidenen Antheil zu nehmen an einem Werke, welches Millionen zum Glück und einem ganzen Welttheile zum Nutzen gereichen soll.

Cardinal Lavigerie über die afrikanische Sclaverei.

Wollen wir das Gesagte durch unverdächtige Zeugnisse von Missionaren und Forschern belegen, so gebührt an erster Stelle Sr. Eminenz dem Cardinal Lavigerie das Wort. Seine in der Kirche von St. Sulpice in Paris gehaltene Rede dürfte vielen unserer Leser bereits bekannt sein; wir wählen deshalb jene, welche der unermüdliche Vorkämpfer der Menschlichkeit und Civilisation am 31. Juli 1888 in der Prinzeßhalle zu London vor einem ausgewählten Publicum von Gelehrten und Menschenfreunden gehalten hat. Nachdem er in der Einleitung von den Verdiensten Englands und englischer Forscher um die Abschaffung der Sclaverei in Asien und Amerika gesprochen, fährt er fort:

Nachdem man die Sclaverei in Amerika abgeschafft, nachdem man im Rothen Meere und im Indischen Ocean durch Kreuzer den Transport von Sclaven nach Asien verhindert, hatte sich der Eifer der christlichen Nationen abgekühlt, die allgemeine Entrüstung, welche die Hand der Fürsten geleitet, war verflogen. Man schien sich nicht mehr zu erinnern, daß es noch Sclaverei auf der Erde gebe. Man vergaß selbst die muselmännische Sclaverei, welche in den uns näher gelegenen Staaten noch fortdauerte, freilich unter einer anscheinend milderen Form. Da plötzlich — es sind etwa fünfzehn Jahre — erfuhr man durch Ihre (englischen) Reisenden, daß die Sclaverei mit einer namenlosen Wildheit in dem bis dahin fast unbekannten Mittelpunkte Afrikas herrsche. Sie haben es der christlichen Welt gesagt und Maßregeln verlangt zu Gunsten Millionen unglücklicher Geschöpfe, die freilich nicht denselben Glauben wie wir haben, aber die doch, wie wir, Kinder Gottes sind.

An der Spitze Jener, welche zu diesem neuen Kriege aufforderten, stand der unerschrockene edle Livingstone. Als alter Afrikaner habe ich es mir nicht versagen können, das Grab des großen Forschers in den Gewölben von Westminster zu besuchen. Sie haben ihn begraben in Mitten Ihrer großen Männer, und Sie haben Recht daran gethan, denn Livingstone ist durch seinen Muth, seine hohe Intelligenz, die Selbstverleugnung seines Lebens der Ruhm dieses Jahrhunderts und Ihres Landes geworden. Aber wollen Sie die Erben seines Ruhmes sein, so müssen Sie auch die **Vollstrecker seines letzten Willens** werden. Darum habe ich mit Thränen in den Augen die letzten von seiner Hand geschriebenen Worte gelesen, jene Worte, welche Englands

Regierung ihm als Grabschrift gegeben hat: „Ich kann nichts mehr thun," schrieb er in seiner Verlassenheit, dem Tode nahe, „als wünschen, daß die überreichsten Segnungen des Himmels auf Jene herniedersteigen, welche — mögen sie Engländer, Amerikaner oder Türken sein — dazu beitragen, daß die schreckliche Geißel der Sclaverei von dieser Erde verschwinde!"

. . . . Als ein neuer Zeuge erscheine ich nun vor Ihnen. Ich beabsichtige nicht, auf etwas zurückzukommen, das Sie bereits durch Ihre oder deutsche Schriftsteller kennen. Aber angesichts solcher schrecklicher Schilderungen kann man manchmal Zweifel an deren Wahrhaftigkeit hegen, und Livingstone selbst hat die Furcht ausgesprochen, daß man ihn der Uebertreibung beschuldigen möge. Der Zweifel aber in einer solchen Sache ist Verderb, denn er führt Unentschlossenheit herbei, und die Unentschlossenheit bedeutet heute das Ende Innerafrikas. Wenn wir die Vernichtung der Eingeborenen vollenden lassen, so ist später Alles unnütz. Was heute noth thut, ist, Ueberzeugung in die Geister zu tragen, und um diese Ueberzeugung unerschütterlich zu machen, muß man neue, mit den alten übereinstimmende Zeugnisse beibringen. Ich komme deshalb, meinerseits Zeugniß abzulegen für jenen Theil Afrikas, dessen Evangelisirung mir anvertraut ist. Aber dieses Zeugniß ist nicht allein das meinige. Ich habe in den Gegenden, von denen ich reden will, eine ganze Legion von Augenzeugen. Es sind meine Söhne, die Missionare von Algier, oder wie der Volksmund in Afrika sie nennt, die weißen Väter der Algerie.

Als ich in jenes Land kam, es sind jetzt mehr als zwanzig Jahre, sah ich bald ein, daß, wollte ich mein Amt nicht auf die bisher dem Evangelium fast unzugänglichen muhamedanischen Länder beschränken, ich ins Innere eindringen müßte, zu den heidnischen Völkern; ich sah aber auch ein, daß ich allein bei einer solchen Unternehmung bald unterliegen würde. Ich sammelte also um mich einige vom reinsten Feuer des Apostolats durchglühte junge Leute. Anfangs waren es ihrer nur drei, heute zähle ich dreihundert, Patres, Brüder, Novizen oder Gehülfen, dreihundert Lebende. Hundert, die ruhmreichsten, sind todt. Elf unter ihnen haben ihr Blut als Märtyrer vergossen, die Uebrigen sind dem Klima, den Krankheiten, Entbehrungen und Mühsalen erlegen. Und es sind die Berichte dieser Zeugen, welche Sie heute hören sollen nach Allem, was Sie bereits wissen.

Um nichts zu verwechseln und genau die Theile Afrikas zu bezeichnen, auf welche sich diese Zeugnisse beziehen, muß ich Ihnen zunächst sagen, in welchen Regionen meine Missionare etablirt sind. Sie bewohnen seit länger als zehn Jahren die Wüste Sahara und die Gebiete der großen Seen, von den Quellen des Nils bis zum Süden von Tanganika, ebenso den belgischen Oberen Congo. Von dort schreiben sie mir, und von jenen ungeheuren Regionen will ich Ihnen berichten; mögen Reisende und Missionare, die auf anderen Punkten wohnen, Europa auch ihrerseits unterrichten von dem, was sie dort sehen.

Um zunächst von den ersteren, den Missionaren der Sahara, zu reden, so bezeugen sie, daß die Sclaverei noch immer dort herrscht, im selben Umfange wie ehemals, in allen Gegenden Nordafrikas, welche südlich von den europäischen Colonieen liegen. Die Sclavenjagd wird bis zur Höhe des Nigers in allen Gegenden betrieben, wo die Neger noch nicht thatsächlich zur muhamedanischen Religion bekehrt sind. Alle Städte im Innern von Marokko haben Sclavenmärkte, wohin die Sclavenhändler ihre Karawanen führen. Noch vor Kurzem, vor kaum fünf Jahren, existirten diese Märkte in den Küstenstädten, sogar in Tanger gegenüber von Gibraltar. Wenn sie seitdem vor unseren Blicken in die Städte des Innern geflohen sind, so wissen Sie, wem man das verdankt: es ist der ehrenwerthe Secretär der Gesellschaft,*) welche uns heute hier versammelte, der durch seine beredten und entrüsteten Klagen jene infamen Händler gezwungen hat, ihr Werk besser zu verbergen. Aber im Innern werden die Märkte noch abgehalten, man sieht dort die Muselmänner mehrmals im Jahre offen ihren Bedarf an elendem menschlichem „Vieh" decken. Das Gleiche gilt von den Oasen der Sahara, d. h. von allen jenen, die sich an den Grenzen der Algerie, von Tunis, von Tripolis und bis nach Aegypten hin befinden.

Um die Wahrheit zu sagen und nichts als die Wahrheit, so trägt die häusliche Sclaverei jener Gegend nicht jenen Charakter einer fortdauernden Schlächterei, den sie, wie ich Ihnen beweisen werde, auf den Hochebenen im Herzen von Afrika angenommen hat. Sind die Sclaven einmal gekauft und in die Häuser der Muhamedaner aufgenommen, so werden sie mit ziemlicher Milde behandelt. Es liegt im Interesse der Herren, die Sclaven nicht umkommen zu lassen, welche sie des weiten Transports wegen theuer bezahlen müssen. Möglich auch,

---

*) Mr. Allen, Secretär der Anti slavery Society.

daß die Nachbarschaft der Europäer die Sclavenhalter schreckt; sie fürchten vielleicht, daß die Seufzer und Schreie der Opfer bis zu unseren Ohren dringen....

Aber ein Umstand verleiht diesem Menschenhandel durch die Sahara einen grauenhaften Charakter: es ist die Reise durch die Wüste, welche mit der Heerde von Frauen und Kindern, die verschleppt werden, ganze Monate in Anspruch nimmt. Eine schreckliche Reise das, wo man marschiren muß auf glühendem Sand unter einer brennenden Sonne, in einem Lande, wo die Nahrungsmittel oft fehlen und noch öfter das Wasser. Für die Sclavenhändler findet sich schon, aber die Gefangenen erhalten genau so viel, daß sie nicht sterben und durch ihren Tod die Händler um den Gewinn bringen, welchen sie aus ihnen ziehen wollen. Meistens sind es die Araber vom Stamme der Tuaregs, welche diese Menschenheerden begleiten. Ihre Herzen sind eben so hart als das Eisen ihrer Lanzenspitzen, und eine Handvoll ungekochter Hirse am Abend mit einem Schluck Wasser ist Alles, was sie den Sclaven geben, die wie Zugochsen mit ihren schrecklichen Jochen beladen den ganzen Tag marschirten. Niedersinken ist gleichbedeutend mit Tod: das geübte Auge des Sclavenhändlers erkennt sofort, ob er das Opfer glücklich bis zum Markte bringt oder nicht. Sieht er, daß es das Ziel nicht erreichen wird, so verschwendet er seine Lebensmittel nicht an den Unglücklichen, ein Schlag mit einem Knüppel und das Opfer bleibt liegen, oft noch lebend. Die Hyänen und Schakale verschlingen das Fleisch und lassen die bleichenden Skelette als Wegweiser nach den Märkten dienen.

Indeß hält der Sclavenhandel in der Sahara und den Provinzen des Nordens, von denen Tombuktu der Mittelpunkt ist, keinen Vergleich aus mit jenem auf den Hochebenen des Innern. Von diesem besonders muß ich zu Ihnen reden. Dort sind unsere Missionare in diesem Augenblicke Zeugen von Schandthaten, welche ein ganzes Festland dem Untergange nahe bringen.

Vor etwa zwanzig Jahren wußte man noch nicht recht, wie das Herz Afrikas beschaffen sei. Man sprach davon wie von einer unbewohnbaren, unfruchtbaren Wüste. Nun hat man aber im Gegentheile gefunden, und meine Missionare bestätigen es mir jeden Tag, daß jenes gerade der schönste Theil Afrikas ist. Man hatte es beurtheilt nach den Ländern in den Küstenstrichen. Dort freilich ist das Klima ungesund, oft tödtlich, die Arbeit schwierig, fast unmöglich für den Europäer. Nachdem man aber weiter vordrang, stellte man fest, daß der Mittelpunkt Afrikas sich auf zwei Hochebenen erhebt, die eine 2000 bis 3000 Fuß über dem Meeresspiegel des Oceans liegend, die zweite, ungeheuer groß, tausende von Meilen lang, erhebt sich über dem ersten um durchschnittlich 2000 bis 3000 Fuß, liegt also 4000 bis 5000 Fuß über dem Meeresspiegel. Diese beiden Hochebenen, die jedes Jahr zu bestimmten Zeiten von strömendem Regen befruchtet werden, besitzen große Seen, reiche Wasserbehälter, welche die gütige Natur vorsorglich geschaffen hat. Aus diesen großen Seen ergießen sich die vier großen Flüsse Afrikas mit ihren unzähligen Nebenflüssen, sie sind es, die diese Gegenden so schön und fruchtbar machen. Die hohe Lage mäßigt die Gluth der Sonne. An den Ufern des Nyanza- und des Tanganika-Sees übersteigt die Hitze am Tage nicht 32 Grad (Celsius) und während der Nacht sinkt die Temperatur auf 17—18 Grad. Der Boden birgt seltenen Reichthum. Ich rede nicht von den zahlreichen Mineralminen, deren Spuren man findet und welche der Industrie reiche Ausbeute versprechen, ich rede nur vom Ackerbau. Unterstützt durch Wasser und Sonne, bringt der Boden ohne Mühe hervor, was zum Leben nothwendig ist. Ueberall, wo Wasser fließt, sind vier Ernten im Jahre möglich. Diese Erfahrung haben unsere Missionare selbst gemacht mit dem Weizen, den sie anbauen, um sich das Material für die hl. Hostien zu verschaffen. Die Waldungen sind von einer Schönheit und Macht, daß sie die Bewunderung der Reisenden erregen. Diese vereinten Reichthümer mußten natürlich eine zahlreiche Bevölkerung anziehen und festhalten, und das ist auch im Laufe der Zeit geschehen. Nirgends in Afrika sah man zahlreichere und stärker bevölkerte Dörfer. Dort regierte der Friede, die Familien lebten nach patriarchalischer Weise, Feuerwaffen waren unbekannt, man fand sie nur in den Küstengegenden oder an den Ufern des Zambese, wohin die Portugiesen sie eingeführt.

Schmerzliches Zusammentreffen! Zur selben Zeit, wo — vor 25 Jahren — die großen Forscher und die ersten Missionare jene Gegenden betraten, um den Glauben und die Civilisation dorthin zu tragen, brachen auch die Sclavenhändler dort ein, wahrscheinlich instruirt durch jene Leute, welche den Reisenden als Führer gedient hatten. Sie kamen von Aegypten und Zanzibar.

Ihre Hauptanführer sind die Mestizen, eine schreckliche Race, entsprungen aus der Verbindung von Muhamedanern und Negern der Küste. Dem Namen nach Muselmänner, hegen sie tiefen Haß und Verachtung gegen die Negerrace, welche sie den Thieren nachsetzen und der sie nur Sclaverei oder Tod als Erbtheil zuerkennen. Schreckliche Menschen, ohne Gewissen und Gefühl, gleich niederträchtig wegen ihrer viehischen Laster und ihrer Grausamkeit, rechtfertigen sie das afrikanische Sprichwort: „Gott hat die Weißen geschaffen, Gott hat die Schwarzen geschaffen, aber der Teufel selbst ist es, der die Mestizen erschafft."

Unsere Patres kamen also vor 12 Jahren auf die Höhenzüge des Innern, nach Tabora, an den Tanganika, den Nvanza, den Oberen Congo; das Werk der Vernichtung war bereits im Gange, sie sahen es sich ausdehnen und Strich für Strich Alles zerstören. Jene schönen Gegenden bildeten für die Mestizen anfangs Speicher von doppeltem Reichthume. Das Leben dort war billig, Elfenbein, Hauptgegenstand ihres Handels, fand sich in Masse; man war es niemals so weit holen gekommen. In gewissen Provinzen, wie im Manyéma fand man solche Mengen, daß man sich der Elephantenzähne bediente, um damit die Gärten einzufriedigen. Das Elfenbein wurde die Veranlassung zu dem Ruine dieses unglücklichen Landes. Man war nicht zufrieden, es um billigen Preis zu kaufen oder es mit Gewalt wegzunehmen, es mußte auch an die Küste transportirt werden. In jenem Theile Afrikas giebt es aber kein anderes Transportmittel, als den Menschen. Die Wege sind nichts als enge Pfade, die Hausthiere erliegen dem Bisse der Tsetse. Um Menschen zu bekommen, machten die Händler Sclaven. Der geringfügigste Vorwand genügte, um Streit, d. h. vorüberlegte Blutbäde anzufangen. Ohne Mitleid und Schonung fielen die Briganten über eine friedliche Bevölkerung her, massacrirten, was sich wehrte, ketteten die Uebrigen an und zwangen die Menschen durch Drohungen und Gewalt, bis zur Küste als Lastthiere zu dienen, wo sie dann gleichzeitig mit dem Elfenbein, das sie getragen, verkauft wurden.

Das war der Anfang des Elends, aber Habsucht und Blutdurst versetzen den Menschen in einen Rausch, der nur durch Gewalt vertrieben werden kann. Die Geschichte der heidnischen Tyrannen hat es uns zur Genüge gezeigt. Derselbe Blutdurst, dieselbe Verachtung des menschlichen Lebens ist es, welche heute das Herz Afrikas entehren. Ohne Unterlaß wird dort die Bevölkerung gleichsam weggemähet, ein Dorf nach dem anderen, eine Provinz nach der anderen, bald ist Alles mit Ruinen und Blut bedeckt. Unsere Missionare vom Tanganika schreiben uns, daß kein Tag vorübergeht, an dem nicht Karawanen jener Unglücklichen an ihnen vorübergetrieben werden wie Viehherden. Allmählich sind allenthalben Sclavenmärkte eröffnet, und heute sind es besonders die

Frauen und Kinder, welche man dort verkauft. Seitdem das Elfenbein selten geworden ist, braucht man keine Männer mehr für seinen Transport, diese, sobald sie können, widersetzen sich überdies ihren neuen Herren und man schlägt sie dann nieder wie Schlachtvieh. Die so begangenen Scheußlichkeiten spotten jeder Beschreibung, die Geißel einer solchen Jagd übertreffen weit Alles, was menschliche Einbildung sich auszumalen vermag. Keine Seite der Geschichte kann über gleiche Metzeleien, über gleiche Verachtung menschlichen Blutes berichten. Also die Männer fortschleppen, mit Mühe weiterbringen, sie ernähren bis zur Ankunft auf dem Sclavenmarkte, ist wenig einträglich. Das Weib und das Kind ist es, das auf den Märkten im Innern statt des Mannes feilgeboten wird. Schwach, furchtsam scheuen sie zurück vor den Gefahren und Wechselfällen einer Flucht. Man kauft sie deshalb ohne Furcht, die Weiber für grenzenlose Ausschweifungen, die Kinder, um sie heranzuziehen. Seitdem dieser Handel in den Händen der der Vielweiberei ergebenen Muselmänner ist, sind selbst die Häuptlinge zügellos in ihrer bestialischen Unzucht. Man hat mächtige Häuptlinge gesehen, wie Mtesa, und jetzt Mnanga, König von Uganda, welche gleichzeitig bis zu 1200 Weiber hatten. Die ärmsten Muselmänner halten immer mehrere Weiber. Der Preis der Sclaven im Innern Afrikas ist so niedrig, daß er diese schmachvollen Leidenschaften Jedem gestattet. Man erhält heutigen Tages an gewissen Orten eine Frau für eine Ziege, ein Kind für ein Packet Salz. Das darf uns nicht in Erstaunen setzen. Die Ziege muß man aufziehen, das Salz muß man aus der Saline holen; Frauen und Kinder braucht man nur zu fesseln. Es ist dahin gekommen, was nie gehört wurde: im Innern Afrikas ist der Mensch der Kaufpreis, das Geld für die geringsten Einkäufe.

Bereits sind viele Millionen menschlicher Creaturen im Laufe des letzten Vierteljahrhunderts zu Grunde gegangen. Aber die Vernichtung nimmt immer größere Verhältnisse an, und die Ziffern, welche heute unsere Missionare angeben, übersteigen noch jene von Cameron für den Zambese und Nyanza angegebenen. Cameron aber, der wegen seiner langjährigen Erfahrungen alles Vertrauens würdig ist, schätzte schon zu seiner Zeit die alljährlich lediglich auf den Märkten des Inneren verkauften Sclaven auf mindestens 500 000 Köpfe! Und die dreifache Zahl geht elend zu Grunde, ehe sie die Märkte erreicht!

Er ist übrigens hier, um sein Zeugniß und die vollkommene Uebereinstimmung unserer Ansichten zu bestätigen. Eben, gerade als ich mich hierher begeben wollte, habe ich noch einen Brief von ihm erhalten; ich bitte ihn um die Erlaubniß, ihn veröffentlichen zu dürfen.*)

Aber nicht allein die Zahl der gemachten Sclaven wächst, auch die Grausamkeit wird fortwährend gräulicher. Wenn ehemals die Räuber eine Bevölkerung heimsuchten, die nichts Uebels von ihnen erwartete, so begnügten sie sich damit, zu nehmen, was in ihre Hände fiel. Heute berichten mir Augenzeugen Scenen, die nur schwer wiederzugeben sind. Die schwarzen Bewohner der Dörfer, welche wissen, was ihre Angreifer beabsichtigen, fliehen in Feld und Wald, um sich zu verstecken. Hören Sie nun, wie die Sclavenjäger verfahren, um sie in ihre Gewalt zu bringen. Die teuflische Schaar umringt die großen Kräuter, in welches sich die Schwarzen geflüchtet haben, und steckt sie in Brand. Im Lande der Sonne ist eine Feuersbrunst rasch ins Werk gesetzt. Bald ertönen von allen Seiten Schreie des Schreckens und der Verzweiflung, und Alles, was nicht von der Flamme erreicht, vom Rauche erstickt wird, flieht nach außen und fällt in die Hände der Henker, von denen dann die Einen getödtet, die Anderen gefesselt werden. Sie werden gleiche Erzählungen in den Berichten Ihrer Reisenden finden und sich nicht mehr wundern, wenn volkreiche und fruchtbare Provinzen im Herzen Afrikas in trostlose Einöden verwandelt sind, in denen nur mehr die Knochen der Einwohner Zeugniß ablegen von der menschlichen Thätigkeit, dem Frieden und der Arbeit, welche ehemals dort herrschten.

Wir sehen also in kurzer Zeit der vollständigen Entvölkerung Central-Afrikas entgegen. Wenn Erwägungen menschlichen Mitgefühls Europa nicht rühren, so möge es wenigstens bedenken, vor welchen Schwierigkeiten es stehen wird, wenn es einmal jenen von der Natur so begünstigten Gegenden ihre Reichthümer abgewinnen will. Ist die einheimische Bevölkerung einmal vernichtet, so wird dem Weißen jede Arbeit, Ackerbau wie Industrie, unmöglich werden, da er der Hände der Schwarzen entbehrt. Ohne einheimische Bewohner wird selbst der Reisende weder Nahrung noch Unterkommen mehr finden, die üppige Vegetation wird die engen Pfade verschwinden lassen, denen er heute folgt. So steht es heute und das haben wir von der Zukunft zu erwarten. Ich wiederhole es noch einmal mit der ganzen Kraft meiner Ueberzeugung: wenn Europa nicht rasch und mit Gewalt

---

*) Dieser Brief findet sich weiter hinten.

jenen gräulichen Zuständen ein Ende macht, so wird das Centrum Afrikas in wenigen Jahren nur mehr eine Wildniß sein.

Ohne Frage sind es die Regierungen Europa's an erster Stelle, welche die Verpflichtung haben, Afrika zu retten. Der ehrenwerthe Präsident dieser Versammlung hat, ehe er mir das Wort ertheilte, Sie daran erinnert, wie die Mächte 1815 in Wien und später in Verona (1822) sich feierlich verpflichtet haben, keine Sclaverei auf der Welt mehr zu dulden. Aber sie müssen auch den Willen dazu haben. Und warum sollten sie ihn nicht haben? Giebt es ein edleres, größeres, erhabeneres Werk? Zu welcher Frage könnten sie wohl ehrenvoller und leichter sich verständigen, als in der, welche bezweckt, ein so schreckliches Uebel auszutilgen, den größten Schandflecken des 19. Jahrhunderts abzuwaschen?

Es ist wahr, daß die europäischen Regierungen an Afrika denken, aber anscheinend bisher nur so weit, als sie vorhaben, sich seiner zu bemächtigen. Sich zu einem Congresse vereinigen, um durch einen Federstrich auf der Karte sich neue Reiche zuzusprechen, ist leicht gethan. Aber die christlichen Staaten können nicht vergessen, daß neben dem Rechte auch die Pflicht übernommen wird. Die ersten Nationen der Welt: Deutschland, Frankreich, England, Belgien, Portugal und Italien, haben im gemeinsamen Einverständnisse ihre gegenwärtigen und zukünftigen Rechte auf Afrika festgestellt und proklamirt. Damit haben sie Pflichten gegen jenes Land übernommen, und die erste davon ist, daß sie die Eingeborenen nicht hülflos umkommen lassen, daß sie nicht von Neuem jene Gegenden verschließen lassen, welche durch die Forscher der Civilisation eröffnet sind. Das liegt in ihrem eigenen Interesse. Aber wenn die Stimme des Interesses nicht mächtig genug zu den Ohren der Mächte spricht, weil sie mit anderen Sorgen beschäftigt sind, so muß man sie zwingen, den Schrei des Mitleids und des Erbarmens zu hören. Und dazu ist es nothwendig, daß dieser Schrei sich aus der Brust Aller und eines Jeden Lust macht, mit einer solchen Gewalt, daß man ihn nicht mehr überhören kann.

Dieses Werk gebührt ohne Zweifel vor Allem der „Anti-Sclaverei Gesellschaft", welche uns heute unter den Auspicien des Thronfolgers versammelt hat. Aber eine Vereinigung von Männern, so mächtig sie auch sei, kann nicht alles thun, und, meine Damen ein Werk der Barmherzigkeit und des Mitleids ist vor

Allem das Ihrige. Sie wissen besser als der Mann den Weg zum Herzen zu finden, weil Sie lebhafter empfinden als er. Doch dieser Grund ist nicht der einzige, weshalb ich an Ihre Mitwirkung appellire. Die Opfer der afrikanischen Sclaverei bestehen heute vorzugsweise in Frauen und Kindern. Das wiederholen alle Berichte meiner Missionare. Noch vor kaum zwei Tagen empfing ich hier in London einen Brief unserer Mission am Tanganika, in welchem der Superior wörtlich sagt: „Hier verkauft man nur noch Frauen und Kinder; die Männer tödtet man." Ich zögere nicht, es auszusprechen, bei dieser Vertheilung des Looses sind die Frauen weit mehr zu beklagen, als die Männer. Die Männer erlöst der Tod auf einen Schlag, den Frauen und Kindern bereitet die Sclaverei tausend Tode; sie liefert sie wehrlos in die Hände ihrer Henker als Werkzeuge zur Befriedigung der niedrigsten Leidenschaften und grausamsten Brutalität. Hören Sie, was ein Pater mir vor zwei Jahren schrieb:

„Während der Regenzeit der Masita waren die Felder der benachbarten Ebene (von Tabora) in einen schlammigen Sumpf verwandelt. Unmöglich, vorwärts zu gehen, ohne einzusinken. Trotzdem befahl ein Neger aus dem benachbarten Dorfe seiner Frau (Sclavin), dort Holz suchen zu gehen für das Nachtessen. Sie ging, aber kaum betrat sie das Feld, als sie einzusinken begann, und bald steckte sie bis unter die Arme im Schlamme, ohne sich losmachen zu können, gezwungen, sich unbeweglich zu halten, um nicht noch tiefer zu sinken und von dem Schlamme verschlungen zu werden. Ihre klagende Stimme rief um Hülfe, aber die Vorbeigehenden lachten nur dazu. Der Mann, als er seine Frau nicht zurückkommen sah, machte sich auf die Suche, in der Hand einen Prügel, ohne Zweifel zur Züchtigung. Er fand sie in dieser bedauernswerthen Lage, that aber nicht das Geringste, um ihr zu helfen. Von Weitem warf er ihr seinen Stock zu, mit den höhnischen Worten: wenn sie wolle, möge sie sich damit gegen die Hyänen vertheidigen, die während der Nacht kämen. Damit ging er ruhig zu Hause. Am anderen Morgen war jede Spur von der unglücklichen Frau verschwunden."

Aber steigen wir noch etwas höher die Stufen der Greuel hinan. Einer unserer Patres berichtet mit Abscheu, wie ein Königlein von Butumbi ihm eines Morgens im ruhigsten Tone von der Welt erzählte: „Ich habe in dieser Nacht fünf von meinen Frauen getödtet", als ob das gar nichts Außerordentliches wäre!

Der Pater Levesque, früher Missionar in Uganda, hat mir selbst Folgendes erzählt: Eines Tages befand er sich am Hofe des Königs Mteſa und wartete im Vorhofe auf eine Audienz bei dem Fürsten. Plötzlich sah er, wie die Thüre des Brazah (königlichen Saales) mit Geräusch aufgerissen wurde und zwei bewaffnete Soldaten durchließ, welche eine arme Sclavin, Frau des Königs, an den Füßen herausschleppten. Der König hatte befohlen, ihr die Ohren, die Nase und endlich den Kopf abzuschneiden, weil sie vor der Audienz zu laut gesprochen hatte. Das Urtheil wurde sofort im Hofe vor den Augen der Menge vollstreckt. Auf die markerschütternden Schreie der Unglücklichen antworteten die Umstehenden mit lautem Gelächter.

Diese Scheußlichkeiten am Hofe des Königs von Uganda, der sich 1000—1200 Frauen hält, werden auch von dem Forscher Speke bestätigt. In seinem Werke: „Die Quellen des Nils" sagt er Seite 327:

„Seit einiger Zeit wohne ich innerhalb der Einfriedigung der königlichen Residenz, und die Gebräuche des Hofes sind deshalb für mich kein Geheimniß mehr. Aber wird man mir glauben, wenn ich versichere, daß seit meinem Wohnungswechsel kein Tag vergangen ist, an dem ich nicht eine, zwei, ja bis zu drei dieser unglücklichen Frauen, welche den Harem des Mteſa bilden, habe zum Tode führen sehen? Ein Strick um das Handgelenk, durch die Leibwache zum Abschlachteplatze gerissen oder geschleift, stoßen diese bedauernswerthen Creaturen, die Augen voll Thränen, herzzerreißende Schreie aus: Hai Minange! (O mein Herr!), Kbakka! (Mein König!), Hai Nyavio! (O meine Mutter!) — und trotz dieser erschütternden Appells an das öffentliche Mitleid erhebt sich keine Hand, um sie ihrem Henker zu entreißen, obwohl man hier und da leise die Schönheit dieser jungen Opfer rühmen hört!"

Christliche Frauen Europas! Euch geziemt es, überall diese Schrecklichkeiten bekannt zu geben und die Entrüstung der civilisirten Welt dagegen zu erregen. Lasset Euren Gatten, Euren Vätern, Euren Brüdern keine Ruhe, verwerthet die Autorität, welche sie dank ihrer Beredtsamkeit, ihres Vermögens, ihrer Stellung im Staate besitzen, um zu verhindern, daß man noch länger das Blut Eurer Schwestern vergieße. Wenn Gott Euch das Talent gegeben hat zum Schreiben, so stellet es in den Dienst einer solchen Sache, Ihr findet keine, die heiliger wäre. Vergesset nicht, daß es das Werk einer Frau, der Roman:

„Onkel Tom", war, welcher, in alle Sprachen der Welt übersetzt, der Befreiung der Sclaven Amerikas das Siegel aufgedrückt hat.

Und welches ist nun das praktische Ziel, zu welchem in diesem Augenblicke die Staaten Europas sich vereinigen sollen? Ich wiederhole es kurz und klar: Gewalt muß angewendet werden zur Abschaffung der afrikanischen Sclaverei. Das Uebel steckt zu tief und ist zu weit verbreitet, als daß man es noch auf andere Weise besiegen könnte, bevor es sein Werk der Vernichtung vollbracht.

Durch Ueberzeugung können die Missionare wohl einzelne Völkerschaften bekehren, aber sie sind noch zu wenig zahlreich, als daß ihre Thätigkeit sich auf die ganze weite Ausdehnung des inneren Afrika fühlbar machen könnte. Ehe das geschehen kann, wird die rasch fortschreitende Zerstörung Alles verschlungen haben.

Dasselbe sage ich von der Wohlthätigkeit zum Loskauf der Sclaven. Mehrere haben im Gefühle großmüthigen Mitleids diesen Weg vorgeschlagen. Gott bewahre mich davor, daß ich die Christen von diesem Gefühle, das so sehr ihrem Glauben entspricht, ablenke. Aber wo soll man einerseits die Summen finden, um so viele Sclaven loszukaufen, und wird andererseits nicht gerade durch den Ankauf der Habgier der Sclavenjäger neue Nahrung gegeben? Wenn der Verkauf sicher und lohnend gemacht wird, so wird die Jagd auf Menschen darin neue Gründe nach größerer Ausdehnung finden.

Was nothwendig ist, ich sage es noch einmal, ist Anwendung von Gewalt, einer bewaffneten Armee, natürlich nur zur Vertheidigung bestimmt. Man hat ja die Erfahrung bei dem überseeischen Sclavenhandel gemacht: Alles war unnütz bis zu dem Tage, wo die französischen, englischen und amerikanischen Schiffe eine unübersteigbare Schranke aufrichteten. Aber für den Sclavenhandel zu Lande sind diese Kreuzer ungenügend. Man muß, nach der Idee des Generals Gordon, Barrièren im Lande aufführen, welche den Karawanen den Weg nach den Ländern, aus welchen die Sclaven geholt werden, verlegen, ferner einige leichte Truppen schaffen, welche überall hinfliegen können, wo diese infame Jagd sich bemerkbar macht. Das ist die Ansicht Aller, welche unsere afrikanischen Verhältnisse kennen, es ist auch jene, welche mir der Herr Commandant Cameron noch heute Morgen in seinem Briefe aussprach.

Ich will nun einmal den Fall annehmen, daß die Mächte, welche oft verschiedenartige Ansichten und Interessen haben, sich nicht verständigen können oder wollen; dann — ich sage es mit gleicher Bestimmtheit und gleicher Freimüthigkeit geht dieselbe Pflicht von den Regierenden auf die christlichen Völker über. Und sie können diese Pflicht erfüllen: man sieht es an den christlichen Missionen, für welche die Regierungen sich nicht interessiren und welche die Völker auf sich genommen haben. Warum sollten sie dasselbe nicht auch für ein Werk thun, welches sich seiner Natur nach so ganz dem Werke der Glaubensverbreitung anschließt? Warum sollte persönliche Hingebung nicht im Stande sein, zu vollbringen, was die Regierungen nicht unternehmen könnten? Diese haben bisher noch keinen Mann nach den Hochebenen von Central-Afrika gesandt. Weshalb sollten Privat-Gesellschaften, ähnlich jenen, wie sie das Mittelalter gesehen hat, nicht Leute hinsenden können, welche den Schwarzen lehren, wie man sich gegen Mörder und Räuber vertheidigt?

Hat uns Stanley nicht bewiesen, was ein Mann, ein einziger Mann, unterstützt von einigen hundert Schwarzen, mit Muth und Ausdauer fertig bringen kann? Hat nicht Emin Pascha es verstanden, sich eine bewaffnete Macht zu bilden und zu führen, um in seinem Bereiche Ordnung zu halten? Ich könnte Euch noch einen bescheideneren Helden nennen, einen früheren Hauptmann der päpstlichen Zuaven, der seit fast neun Jahren allen Entbehrungen, allen Anstrengungen und Gefahren unter dem Aequator trotzt, um eine kleine Armee von Schwarzen zu erziehen, und der durch seinen Muth und seine Hingebung die ihn umgebenden Stämme schützt. Er heißt Joubert. Andere könnten ihn nachahmen, sie könnten einzeln ihre Unternehmungen beginnen oder sich, wie früher, zu einem gemeinsamen Feldzuge vereinigen. Solche Leute fehlen nicht bei Ihnen, schon seit meiner Ankunft in London habe ich entsprechende Anerbietungen erhalten. Möchten diese Anerbieten sich vervielfältigen, möchten wir auf den verschiedenen Punkten Inner-Afrikas Leute wie Stanley, Emin Pascha und Joubert haben, und das Problem würde gelöst sein. Denn das, was uns fehlt, sind nicht, wie Manche glauben, zahlreiche Armeen: es sind Männer, selbst allein stehend, aber mächtig durch Tapferkeit und Unternehmungsgeist, fähig, die Schwarzen so auszubilden, daß sie ihren Feinden Widerstand leisten können, und fähig, sie zu führen.

Etwas Unentbehrliches indeß wird ihnen und uns selbst noch fehlen, und dieses zu liefern, muß die Aufgabe Aller von jetzt ab sein. Der kriegerische Muth, die Kraft, um Gefahren und Anstrengungen Trotz zu bieten, sind nicht eines Jeden Erbtheil, die Wohlthätigkeit dagegen ist eine Pflicht Jedermanns, und hier ist sie geboten, um die nothwendigen Hülfsmittel für jene Männer zu liefern, die sich bereit finden, Blut und Leben zu opfern.

Sie können nicht besser zu diesem Werke beitragen, als wenn Sie sich dem Vereine anschließen, der uns heute versammelt hat. Nichts steht der Bildung gleicher Gesellschaften in den übrigen Ländern im Wege. Erinnern Sie sich nur daran, daß in diesem Augenblicke, wo ich zu Ihnen rede, das Blut in Strömen auf dem afrikanischen Festlande fließt. Erinnern Sie sich, daß es nur von Europa abhängt, diesen Greueln Einhalt zu thun, und daß, wenn es das nicht thut, vor Gott und der Geschichte die Verantwortlichkeit dafür trägt. Neunzehnhundert Jahre sind es, da hat die Welt von den Lippen eines Volkes, in dessen Macht es stand, mit einem Worte das Vergießen un= schuldigen Blutes zu hindern, die Worte der Gleichgültigkeit, der Selbst= sucht und Furcht gehört: „Sein Blut komme über uns und unsere Kinder!" Ja, das Blut floß, aber das Volk, welches es vergießen ließ, verlor Alles, was ein Volk verlieren kann, seine Ehre und sein Vater= land, und heute sehen wir es zerstreut nach allen vier Winden des Welt= alls. Geben wir Acht, damit das in Afrika vergossene Blut nicht einen gleichen Fluch über Europa herabzieht. Möge Gott jenen Erdtheil retten von der Geißel, die ihn zu verderben droht. Möge er ihn retten, indem er den Mächten hochherzige Ent= schlüsse eingiebt und aus dem Schooße des christlichen Volkes Opfer= willigkeit und christlichen Muth erstehen läßt!"

So weit der Apostel Afrikas. Es ist kaum nöthig, noch ein Wort hinzuzufügen. Um unseren Lesern indeß einen noch tieferen und schau= rigeren Blick in die von dem Cardinal geschilderten Zustände thun zu lassen, geben wir nachstehend einige Zeugnisse von Missionaren und Forschern, theils im Auszuge, theils ihrem ganzen Umfange nach. Zunächst lassen wir die beiden Briefe folgen, auf welche der Cardinal in vorstehender Rede Bezug genommen hat.

Brief des englischen Afrika-Forschers Cameron.

An Se. Eminenz Cardinal Lavigerie.

Monseigneur!

Ich sehe mit großer Freude, daß Ew. Eminenz nach London gekommen sind, um uns Engländern die Frage des Sclavenhandels ans Herz zu legen.

Während der drei Jahre meiner Reisen durch Afrika bin ich oft Zeuge der Leiden gewesen, die der Sclavenhandel mit sich führt, und vorher habe ich vier Jahre hindurch Jagd auf die arabischen Dahous (Fahrzeuge) gemacht, welche Sclaven nach Asien überführten. Die Mehrzahl von Jenen, die heute noch an die Schrecklichkeiten des Sclavenhandels denken, glauben, daß diese Frage nur den Sclaventransport zur See angebe, und daß die Armseligen auf dem Lande weder so sehr mißhandelt, noch so unglücklich seien.

Monseigneur! Ich habe die Sclaven auf den arabischen Dahous gesehen, zusammengeknebelt, die Kniee am Kinn, bedeckt mit Wunden und Geschwüren, sterbend aus Mangel an Speise und Trank, die Todten mit den Lebenden zusammengebunden, und dazwischen hausten die Blattern und vergrößerten mit ihrer verderblichen Ansteckung noch das Elend!

Aber das ist noch nichts im Vergleiche mit den Scheußlichkeiten, die man auf dem Lande sieht: niedergebrannte Dörfer, ermordete Menschen, die ihren Herd vertheidigten, ganze Provinzen verwüstet, vergewaltigte Frauen, vor Hunger sterbende Kinder! Hat eine Mutter die Erlaubniß erhalten, ihr Kind mit sich zu nehmen, und der brutale Negertreiber findet, daß die arme schwache Frau nicht gleichzeitig ihr Kind und die ihr auferlegte Last tragen kann, so schleudert er das **Kind zur Erde und zerschmettert ihm den Kopf vor den Augen der Mutter!** Tausende der armen Menschenkinder müssen in schweren Lästen selbst die Beute tragen, welche die grausamen Räuber ihnen gestohlen, sie werden gezwungen, zu marschiren, sterbend und bedeckt mit Wunden, und außer ihrer Bürde tragen sie noch ein Joch (ähnlich wie bei uns die Zugthiere) am Halse.

Die Marschunterbrechungen gewähren ihnen keinerlei Erleichterung Sie sind gezwungen, Unterkommen für ihre Herren herzurichten und sich dann, oft ohne etwas gegessen zu haben, in Kälte und Regen schlafen zu legen. Wenn es vorkommt, daß ein armer Sclave nicht mehr einen Fuß vor den anderen setzen kann, so nimmt man ihm doch nicht einmal das Joch vom Halse, im Gegentheile, man läßt es ihm, um es ihm so unmöglich zu machen, dem Tode zu entrinnen. Manchmal wurden Männer und Frauen, die in diesem Zustande am Wege liegen blieben, noch lebend von den wilden Thieren zerrissen, und doch sind Bestien weniger blutgierig, als Jene, welche die Armen ohne Hülfe zu Grunde gehen lassen.

Einige von denen, welche den Sclavenhandel zu Lande vertheidigen wollen, sagen, er sei eine Nothwendigkeit für den Elfenbeinhandel. Ich weiß wohl, daß mehrere arabische Kaufleute, welche Elfenbein aus Afrika holen, gleichzeitig Sclavenhandel treiben, weil ihnen die Arme freier Leute zum Transport des Elfenbeins fehlen. Aber die hierfür verwandten Sclaven machen nicht ein Zehntel jener Schwarzen aus, die man heute in die Sclaverei schleppt. Die Negerjäger, welche den schottischen Missionen und den europäischen Handelsniederlassungen von Nyassa so viel Schaden thun, sind weder Araber noch Elfenbeinhändler. Es sind verthierte Mestizen, welche Sclaven rauben, um ein Faulenzerleben führen und sich ihren viehischen Belustigungen hingeben zu können. Sie finden heute Gelegenheit, ihre Beute an Leute abzusetzen, welche sich verpflichtet haben, „freie Einwanderer" zu finden. Alle muhamedanischen Länder und selbst einige heidnische schwarze Völker kaufen heute Sclaven und denken wenig an Elfenbein.

Die Sclaven, welche früher einen fast freien Markt in Aegypten fanden, werden jetzt nach dem Tripolitanischen und in den Süden der Berberstaaten transportirt, mitten durch die Sahara, deren Sand mit ihren Gerippen besäet ist.

Die bedeutendsten einheimischen Häuptlinge, wie Karugo und Mnanga, veranstalten, ohne daß sie dazu von auswärtigen Sclavenhändlern angeregt werden, oftmals Sclavenjagden aus bloßer Laune. So will bald jeder Neger einen anderen Neger als Eigenthum haben und die Idee der Sclaverei geht den Afrikanern ins Blut über. Ich muß hinzufügen, daß alle Systeme, mit denen man die Sclaverei bemänteln will, unnütz sind; ob man die ihr unterworfenen Leute nun „freie Eingewanderte" oder „Lehrlinge" oder noch anders nennt, es ist Alles dasselbe unter einem anderen Namen und befördert im Innern Afrikas die Sclavenjagd. Wenn diese Systeme nicht radical geändert oder abgeschafft werden, so wird es uns nie gelingen, das Unwesen überall zu unterdrücken. Wenn jetzt die Regierungen den Sclavenhandel zu Lande nicht mit Gewalt verhindern können, wie die englische Regierung es früher an den westlichen Küsten Afrikas gethan hat und es noch im Rothen Meere und im Indischen Ocean thut, so bleibt nichts übrig, als daß **Leute aller Religionen und aller Länder sich zusammenthun**, um Expeditionen nach Afrika zu entsenden, deren einziger Zweck die Unterdrückung der Sclaverei ist. Einige (z. B. die Missionare) können für diesen Zweck mit moralischen Mitteln arbeiten, die Uebrigen aber müssen sich anderer Waffen bedienen. Wenn wir an den großen Seen und anderen Punkten des Innern kleine gut bewaffnete und wohl disciplinirte Truppen stehen hätten, so würde es uns bald gelingen, den Transport der Sclaven in die entfernteren Länder zu verhindern. Bisher hat Niemand etwas gethan zu diesem Zwecke, aber ein Hundert Europäer würden den Nyassa-See beherrschen können, und dasselbe gilt von den anderen großen Seen und einigen Hauptplätzen an den Hauptstraßen. Deutschland ist seit Kurzem die Herrin weiter Gebiete Afrikas geworden, **aber bis jetzt beweist noch nichts seinen Willen, die Leiden Derjenigen zu lindern, deren Souverain es geworden.**

Ich hoffe, Monseigneur, daß es Ihnen gelingen wird, ein lebhaftes Interesse für diese Frage zu erwecken und Mittel zu finden, den Sclavenhandel zu unterdrücken. **Der Mensch, welcher es fertig bringt, der Negerrace ihre Freiheit zu sichern, wird der würdigste Diener Gottes sein, den die Welt jemals gesehen hat!**

Genehmigen Sie u. s. w.

Lovett-Cameron,
C. B. D. L.
Commander Rle.

Auszug aus einem Briefe des P. Vincke von der Station Kibanga am Tanganika-See.

Da ich mich vor Kurzem in Udschidschi befand, so muß ich hier ein Wort darüber sagen. Aber ich fühle mich unfähig, eine Beschreibung von dieser Stadt zu geben, wie ich sie gesehen, und meine Feder weigert sich, all die Scheußlichkeiten zu erzählen, die dort begangen werden. Ubschidschi ist die bevölkertste Araberstadt des Tanganita-Districts. Hier langen auf dem Wege nach Zanzibar alle Sclaven-Karawanen aus dem Innern an; hier versammeln sich alle Mestizen, um unter sich zu berathen, nach welcher Seite hin und in welchem Lande sie ihre Razzias machen wollen, von hier aus gehen alle Banden, welche jetzt Manyema überschwemmen und dies ehemals so bevölkerte Land vollständig ruiniren. Es ist ein wahrhaftes Sodoma, der Schauplatz aller Verbrechen, aller Laster, aller Schrecken. Welcher Unglückstag für Afrika, jener Tag, an welchem die Muselmänner ihren Fuß ins Innere gesetzt haben! Denn mit ihnen sind gleichzeitig sowohl ihre unsittliche Religion, als ihre Verachtung der Neger eingedrungen, ihre Laster und ihre schmachvollen Krankheiten, die bis dahin bei den Schwarzen unbekannt waren.

Ich hatte schon früher wiederholt den Markt von Ubschidschi besucht, aber damals waren die Sclaven wenig zahlreich, und ich konnte diesen abscheulichen Handel nicht in seiner ganzen Schrecklichkeit sehen. Bei meiner letzten Anwesenheit aber war die Stadt eben **überschwemmt** — in der ganzen Bedeutung des Wortes — durch Sclaven-Karawanen aus dem Manyema, dem Marungu, dem Ouvira und Oubuari. Bei der großen Zufuhr waren die Sclaven sehr billig, man kam sie mir zu Schleuderpreisen anzubieten, aber fast alle erschienen vollständig erschöpft von Anstrengung und Elend, sterbend vor Hunger, viele würden absolut unfähig gewesen sein, über den See nach der Mission zu gelangen. Ich war so arm, daß ich leider fast alle zurückweisen mußte, ich hatte kaum Geld genug, um jene Gefangenen zu kaufen, wegen welcher ich gekommen war, und denen ich den Vorzug geben mußte, weil sie schon Unterricht von uns erhalten hatten.

Der Platz war ganz bedeckt mit Sclaven, in langen Reihen standen sie gefesselt, Männer, Frauen, Kinder in schrecklichem Durcheinander, die einen mit Stricken, die anderen mit Ketten an einander gebunden. Verschiedenen, die vom Manyema kamen, hatte man die **Ohren durchlöchert** und dünne Stricke hindurch gezogen, an denen sie zusammen gehalten wurden. In den Straßen begegnete man auf jeden Schritt lebenden Skeletten, die sich mühsam an einem Stocke weiterschleppten. Sie waren nicht mehr gefesselt, weil sie ohnehin nicht mehr fliehen konnten. Qualen und Entbehrungen standen in diesen fleischlosen Zügen geschrieben, und Alles deutete an, daß sie mehr aus Hunger wie durch Krankheit dem Tode nahe waren. An breiten Narben und frischen Wunden auf ihren Rücken sah man sofort, was sie an schlechter Behandlung von Seiten ihrer Herren gelitten, denn um sie zum Marschiren zu zwingen, geizt der Sclaventreiber nicht mit Prügeln. Andere, hingestreckt in den Straßen oder neben dem Hause ihres Herrn, der ihnen keine Nahrung mehr zukommen ließ, weil er ihren Tod voraussah, erwarteten das Ende ihrer elenden Existenz. O, wie blutet das Herz des Missionars beim Anblicke dieser Unglücklichen, die nicht einmal den Trost der Hoffnung auf ein Jenseits haben, wenn er bedenkt, **wie viel Seelen verloren gehen, weil es an Arbeitern am Werke der Bekehrung und an Geld zu ihrer Befreiung fehlt!**

Aber besser noch als auf dem Markte und in den Straßen sollten wir die schrecklichen Folgen dieses abscheulichen Handels auf einem unbebauten Platze sehen, welcher zwischen dem Markte und dem Ufer des Sees liegt. Dieser Raum ist der Kirchhof von Udschidschi oder, um es richtiger zu sagen, der Platz, wohin man die todten und sterbenden Sclaven wirft. Die Hyänen, sehr zahlreich im Lande, spielen den Todtengräber. Ein junger Christ, der die Stadt noch nicht kannte, wollte bis an das Ufer des Sees vorgehen, aber beim Anblick der zahlreichen, längs des Weges wie gesäet liegenden Leichname, halb gefressen von Hyänen oder Raubvögeln, wich er erschrocken zurück, er konnte ein solches Bild nicht ansehen.

Auf meine Frage, die ich an einen Araber richtete, weshalb die Leichname in der Umgebung von Udschidschi so zahlreich seien, und weshalb man sie so ganz in der Nähe liegen lasse, antwortete er mir in einem so gleichgültigen Tone, als ob es sich um die einfachste Sache von der Welt gehandelt habe: „Früher waren wir gewohnt, die Leichname unserer todten Sclaven an jenen Ort zu werfen, und jede Nacht schleppten die Hyänen sie fort; aber dieses Jahr ist die Zahl der Todten so groß, daß diese Thiere nicht mehr genügen, um sie zu verspeisen; **sie haben sich das Menschenfleisch zuwider gefressen!!!**"

Aus dem Tagebuche einer Missions-Station.

Kibanga, 3. December 1887.

Der Vormittag bot nichts Ungewöhnliches; gegen Mittag aber erblickten wir auf den unsere Station umgebenden Hügeln Neger, die auf der Flucht zu uns begriffen sind. Die ersten Ankömmlinge belehren uns, daß ein Sclavenräuber, Mulattenhäuptling aus dem Westen vom Tanganika, die Gegend überfallen habe. Viele Eingeborene, die von der Mission entfernt wohnen, flüchten mit ihrer Habe zu uns. Anfangs glaubten wir, es handle sich nur um einen blinden Lärm, wie es in diesen Gegenden oft vorkommt, aber gegen 8 Uhr sahen wir in der Ferne, auf dem Höhenzuge diesseits des Luwu-Flusses, der Grenze des Gebietes unserer Mission, eine Truppe von bewaffneten Mestizen und Negern in westlicher Richtung vorbeiziehen. Alle unsere Neugetauften flohen in größter Eile zu uns.

Es sind thatsächlich die Soldaten Mohammed's, die ihre Razzia zu machen kommen, wie sie dies in den uns umgebenden Landstrichen thun. Wir erfahren auch, daß sie zwei unserer Kinder geraubt haben. Alsbald werden alle Maßregeln getroffen, der Tambe (die Mission umgebender Erdwall) wird geschlossen und die Neger unserer Mission erhalten Munition. Etwa 20 von ihnen, an der Spitze der Pater Superior und Pater Byncke, gehen den Plünderern entgegen, um sie aufzuhalten und Rechenschaft über ihren Einfall in das Gebiet der Mission zu fordern. Die Übrigen mit Pater Guillemé und Bruder Jerome bewachen das Haus und beruhigen die Flüchtigen. Auf ungefähr 250 Meter von unserem Walle angekommen, stößt unsere Avantgarde auf die Ruga-Rugas (Banditen), die mit einer rothen Fahne die Dörfer durchzogen, Alles, Menschen und Sachen, mitgeschleppt haben und nun eben einige zerstreute Flüchtlinge verfolgen. Man ruft ihnen zu, sie sollen anhalten, Boten schicken, um kundzugeben, warum sie kommen und wer sie schickt. Statt zu antworten, schlagen sie eine andere Richtung ein und marschiren nach einem Dorfe am Tanganika. Bald erscheint eine neue Bande von etwa 150 Mann auf den Hügeln des Luwu und schließt sich der ersten an.

Wir waren etwa zehn Minuten von unserem Missionshause entfernt. Da wir uns nicht weiter vorwagen, sondern die Menschenräuber vor Allem hindern wollten, in unser eigenes Gehege einzudringen, gab der Pater den Befehl zum Rückzuge, der in guter Ordnung und ohne von den Banditen belästigt zu werden, vor sich ging. Während dieser ersten Zwischenfälle hatten sich all die armen Wilden des Landes, welche Vertrauen zu uns hatten, unter den Schutz der Mission geflüchtet, wohl wissend, daß sie draußen, wie immer, entweder zu Sclaven gemacht oder unbarmherzig ermordet werden würden. Andere waren auf den See geflohen oder hatten sich im hohen Grase versteckt. Die Panik war groß unter den Frauen und Kindern unserer Christen, aber sie vertrauten auf Gott und beteten. Die Zöglinge des Waisenhauses recitirten den Rosenkranz in der Capelle, während die Frauen im Hofe des Tambe alle ihnen bekannten Gebete hersagten. Die Männer unserer christlichen Dörfer erhielten reichlich Munition, zugleich aber Befehl, nicht hinauszugeben, sondern sich bereit zu halten, den Zugang zu unserer Boma (Verschanzung) zu vertheidigen, falls ein neuer Angriff geschehen würde, und eher die letzte Patrone durch die Schießscharten der glücklicherweise fertigen Umwallung zu verschießen, als die Frauen und Kinder, deren Leib und Seele wir dem Christenthum erkauft, oder die armen Eingeborenen, welche Zuflucht bei uns gesucht, in die Hände der arabischen Briganten fallen zu lassen. Mittlerweile versuchten wir, mit dem Feinde zu parlamentiren, um zu erfahren, ob wirklich Mohammed, der sich unser Freund nennt, seinen Leuten befohlen habe, die Mission zu plündern, ob er nicht von Said Bargasch, dem Sultan von Zanzibar (dessen Tod damals noch nicht bekannt war) Befehl erhalten habe, uns zu respectiren.

Unsere Bevölkerung bestand aus ungefähr 100 Mann, welche mit Gewehren versehen waren (darunter ein Dutzend Schnellfeuergewehre, aber mit wenig Patronen), nahezu 200 Wilden mit Lanzen bewehrt, 300 bis 400 Frauen und ebenso viel Kinder, einschließlich unseres Waisenhauses, im Ganzen etwa 1000 Köpfen.

Wir stehen also auf dem Qui vive und bewachen unseren Hügel, uns selbst unter den Schutz Gottes stellend. Aber die Nacht rückt heran; die Wangwana besetzen ohne einen Schuß die umliegenden Dörfer und rauben Alles, was sie finden. Mit unseren weittragenden Gewehren hätten wir sie leicht bei ihrer Plünderung beunruhigen können, aber es war wichtiger für uns, mit ihnen zu verhandeln, um zu erfahren, was wir für unsere Christen zu erwarten hatten. Diesmal hörten sie auf unseren Ruf und antworteten, daß sie allerdings Leute des Arabers Mohammed seien, und daß der Führer der Truppe bald ankommen werde. Wirklich traf dieser Lieutenant gegen 6½ Uhr ein, und da er nicht selbst bis zu uns kommen konnte, wegen eines wahren oder angeblichen Beinleidens, so schickte er uns einen Zettel mit der Nachricht, sein Herr habe von Said Bargasch Weisung erhalten, nicht bei den Weißen zu plündern, und seine Truppe komme nur, die Neger des Landes zu bekämpfen. Zu gleicher Zeit schickte er uns eine eingeborene Frau, die Schwiegermutter eines unserer Christen, welche in einer der Ortschaften gefangen genommen worden war, und ließ uns sagen, daß am nächsten Morgen Alles geordnet werden solle. . . .

Sonntag, 4. December.

Gott sei gelobt! Die Nacht war ruhig, die Wachen hatten nichts zu melden, kein Alarm ist eingetreten. Wir lesen früh unsere hh. Messen, dann, gegen 7 Uhr, begeben sich der Pater Provicar und Pater Boucke in eines der gestern verlassenen Dörfer zu dem Anführer der Räuber. Dieser Lieutenant Mohammed's ist ein Mulatte von kleiner Gestalt, zwischen 25 und 30 Jahren, mit kleinem schwarzen Barte und stark broncirtem Teint. Kaum hineingeführt in die Hütte, frägt ihn unser Pater Provicar, ob er so die Befehle des Sultans von Zanzibar aus= führe, daß er fast bis unter unsere Mauern das Land verwüste. Der Andere ergeht sich in Entschuldigungen, er sagt, er habe seinen Leuten befohlen, nicht bei uns zu plündern und unsere Kinder nicht zu verfolgen . . . . seine undisziplinirten Ruga-Rugas hätten wahrscheinlich das Land von Pora mit dem unsrigen verwechselt, ganz gegen seinen Willen. Der Pater verlangte nun, daß man die unseren Neugetauften geraubten beiden Kinder herausgebe, was denn auch geschah. Genug, man verständigte sich, Dank der Festigkeit des Paters, in Güte, und der Anführer verbot seinen Leuten, etwas auf unserem Boden anzurühren, wie er auch unsere Leute aufforderte, alle Marodeure zu verjagen.

Beim Abschied der Patres versprach Bwana Majudi einen Gegen= besuch für den Nachmittag. Er kommt wirklich mit seinem Gefolge, einem Dutzend Briganten; wir lassen aus Vorsicht diese aber nicht mit ein= treten. Der arme Häuptling hat zu dieser Veranlassung seine Parade= Uniform angelegt, eine lange rothe Weste, wie sie wohl die Lakaien oder Schweizer der großen Herren in Europa tragen. Er schwätzt viel und antwortet auf unsere zahlreichen Fragen nach den Gegenden, die er verwüstet hat, nach dem Ruando des Nordens, nach den Seen Kiro und Kangaro, dem Mauwema, dem Unwabemba, dem Ubudjwe u. s. w. Er bettelt wie alle Leute seiner Race: wir verweigern ihm in höflichster Form die erbetenen Patronen und gewähren ihm ein paar Pantoffeln, alte Schuhe und eine leere Flasche, welch' letztere ihm besondere Freude macht.

Aber am Abend erleben wir von unserem Hügel herab das traurige Schauspiel einer Sclaven=Razzia in den uns umgebenden Gegenden: überall flammen die Dörfer, überall fliehen die Verfolgten nach dem See. Die Banditen kehren zurück, beladen mit Hühnern, Ziegen, Packeten mit Fischen, Mutana u. s. w. Ein Trupp von etwa dreißig Räubern durchstreift unter unseren Augen die Hügel und Niederungen am Flusse Maongolo, wo sich die armen Flüchtlinge verborgen haben, sie kehren zurück, Frauen und Kinder gefesselt vor sich her treibend! Es ist ein schrecklicher Anblick! Man möchte diese herzlosen Banditen niederschießen, aber das wäre offener Krieg, und die Mission würde verloren sein. Ach, wann wird doch irgend eine europäische Macht sich entschließen, diesen verfluchten Sclavenhandel mit allem daraus entspringenden Elend zu vernichten? Ein Detachement von hundert gut bewaffneten und an das Klima gewöhnten europäischen Soldaten würde in Zeit von vierzehn Tagen mit dieser ganzen greulichen Horde (ein Haufen von 200 bis 300 Briganten), welche ihren Schrecken über alle Länder von Tabora über Oujiji bis nach Manyema und am ganzen Tanganika bis zum Albert-Nyanza verbreitet, aufgeräumt haben. Aber was können wir armen Missionare thun, was anders als zu Gott beten für die armen Schwarzen und deren schlimmste Feinde, die Araber und Mulatten!

Am Abend dieses traurigen Sonntags, den wir nie vergessen werden, sandte der Pater Superior den Pater Byncke in das Araberlager, um zu verlangen, daß man mit diesen Schandthaten schleunigst ein Ende mache, und daß man die Truppe so rasch wie möglich abziehen lasse, damit unsere christlichen Neger in ihre Ortschaften, wo fast Alles zerstört war, zurückkehren könnten. Der Anführer, welcher unfähig ist, Ordnung in den Reihen seiner Schurken zu halten, versprach, am andern Morgen früh abzumarschiren, und stellte uns anheim, von den Opfern der heutigen Jagd so viele Frauen und Kinder loszukaufen, als wir bezahlen konnten. Alles, was wir besaßen, wurde dazu verwendet. Stellet Euch die Freude der Auserwählten vor, die an ihren Herd zurückkehren dürfen, aber auch die Verzweiflung der armen Unglücklichen, denen keine Befreiung zu Theil wird und die mit Gewalt, laut schreiend, gefesselt fortgeschleppt werden. O, warum besitzen wir nicht Geld genug, um sie alle befreien zu können!

Montag, 5. December.

Noch einmal, Gott sei gelobt! Heute Morgen 7 Uhr sind die infamen Mörder unserer friedlichen Bevölkerung mitten in strömendem Regen abmarschirt, die Verwünschungen aller Eingeborenen mit sich nehmend. Sie zählten nahezu 300; die Sclaventarawane bildete das traurige Gefolge. Eine arme Alte klammert sich im Vorbeigehen an den Kleidern des Bruders Joseph fest und bittet schreiend, ihr zu helfen; er kann es nicht, und sie wird hinweggerissen wie ein Stück Vieh, mit dem Strick am Halse…. Wir konnten sie nicht loskaufen…. Die Kette war ziemlich lang; die Nachhut blieb bis nach dem Regen; wir wünschen ihr weder Lebewohl noch auf Wiedersehen. Die Unmenschen sind jetzt in das Gebiet von Ubembe gefallen, und von Weitem schon erkennt man ihren Marsch an den Feuersbrünsten.

Diese traurigen Expeditionen lassen nichts Lebendes hinter sich, alle Dörfer, wohin wir vor drei Tagen noch Katechismus-Unterricht ertheilen gingen, sind jetzt wüste und entvölkert.

Eine arme Frau, welche von den Ruga-Rugas gefangen war, stirbt eben unter unseren Augen. Sie hatte sich verzweifelt gewehrt und wollte sich nicht anketten lassen, da richtete ein Bandit kaltblütig sein Pistol auf sie und schoß sie durch die Brust. Sie fiel tödtlich verwundet und wenige Minuten später gebar sie ein todtes Kind. Wir hoben die sich in schrecklichen Schmerzen Windende auf und trugen sie in die Mission. Sie hatte bereits etwas Religions-Unterricht genossen; wir sprachen zu ihr vom Himmel und von der Taufe. Sie verlangte diese und starb ruhig als Christin…. O Gott, wer wird uns von diesen schrecklichen Zuständen befreien!…

P. Moinet,
von der Gesellschaft der algerischen Missionare.

Auszüge aus den Berichten des Forschers Livingstone.

„Man behauptet, daß in gewissen Gegenden die Sclaverei mild und wohlthätig sei; die Boeren versichern, sie seien die besten der Herren.. aber es ist schwer zu denken, wie sie ihre Sclaven noch mehr leiden lassen könnten…."

„Die Boeren wissen aus Erfahrung, daß es unmöglich ist, Erwachsene in der Sclaverei festzuhalten, die Flucht ist zu leicht, als daß man sie hindern könne. Deshalb bemächtigen sie sich junger Kinder, die ihre Eltern vergessen und sich an die Leibeigenschaft gewöhnen…."

„Ein Pombeiro hatte acht ziemlich hübsche Frauen an der Kette, die er ins Matiamvo-Land führte, um sie gegen Elfenbein zu verhandeln...."

„.... Diese Sclavenhändler behalten bei jedem Ueberfalle die Oberhand. Man darf sich darüber nicht wundern: das Pulver macht sie allmächtig. Die Neger, mit Pfeil und Bogen bewaffnet, kennen nur den Kampf aus dem Hinterhalt, im freien Felde gleichen sie dem Handelsschiffe, das von einem Kriegsschiffe angegriffen wird...."

„.... Die zahlreichen neuen Gräber kündigen an, wie viele Opfer dieses Elend schon gefordert hat, und unter den Ueberlebenden giebt es Hunderte, die Gerippen gleichen.... Wenn Ihr von Meile zu Meile diese traurigen Zeichen der Grausamkeit des Menschen gegen den Menschen sehet, so drückt Euch das Gefühl der Ohnmacht nieder und Ihr sendet zu Gott ein stilles Gebet, damit er die Stunde herbeiführe, wo alle Menschen Brüder sein werden..." —

„15. October. Im Dorfe Kateji angekommen, fanden wir etwa dreißig junge Leute vor, die alle am Halse dieses Joch der Gefangenen trugen, das man „gori" nennt. Ganz erschöpft hatten die Unglücklichen versucht zu schlafen, aber der Druck der gori hinderte sie daran...."

„.... Nach einigen Augenblicken meldete Mlobame uns, daß eine Sclavenschaar eben durch das Dorf ziehe, um sich nach Tété zu begeben. Sollten wir sie befreien? Unsere persönliche Bagage und Werkzeuge der Expedition befanden sich in Tété: es war zu fürchten, daß man uns Alles raube, aus Rache. Indeß entschlossen wir uns, diesen schändlichen Handel zu stören. Einige Minuten später erschien eine lange Kette von Männern, Frauen und Kindern, mit gefesselten Armen, in langer Reihe der Eine hinter dem Anderen herziehend. Mit Gewehren bewaffnete Schwarze marschirten vor, hinter und neben her. Wie sie uns aber erblickten, stürzten sie in den Wald, so schnell, daß wir kaum noch ihre rothen Hosen und ihre Fußsohlen sahen. Nur der Anführer blieb auf seinem Posten, einer unserer Häuptlinge erkannte ihn und drückte ihm lebhaft die Hand. Es war ein Sclave des früheren Commandanten von Tété; wir selbst hatten ihn in unserem Dienste gehabt. Auf die Frage, woher er die Gefangenen habe, sagte er, er habe sie gekauft, aber die

Gefangenen, befragt, antworten alle, mit Ausnahme von vier, sie seien im Kampfe gefangen genommen. Mittlerweile verschwand der Anführer. Die mit uns allein gebliebenen Gefangenen fielen auf die Kniee und klatschten laut in die Hände, um uns ihre Dankbarkeit auszudrücken.... Es waren viele Kinder von fünf Jahren und weniger darunter. Ein kleiner Knabe sagte zu meinen Leuten in seiner kindlichen Einfalt: Die Anderen knebelten uns und ließen uns hungern; Ihr macht uns los und gebet uns noch zu essen: wer seid Ihr denn, woher kommt ihr? Zwei Frauen waren am Tage vorher todtgeschlagen worden, weil sie versucht hatten, ihre Fesseln zu lockern. Den Uebrigen wurde gesagt, daß es ihnen ebenso ergehen werde, wenn sie zu fliehen suchen würden. Eine unglückliche Mutter, welche sich weigerte, eine Last auf sich zu nehmen, weil sie dann ihr Kind nicht tragen konnte, mußte es ansehen, daß man dem Kinde eine Kugel durch den Kopf jagte. Ein Mann, der nicht mehr mit konnte, wurde mit einem Axthiebe abgethan ...."

".... Unser Weg zieht sich durch lange Felder, Mais und Bohnen sind reif, aber Niemand ist mehr da, um sie zu ernten."

".... Eine Barotse, hübsches junges Mädchen, welche sich weigerte, einen Mann zu heirathen, der ihr nicht gefiel, wurde von dem Häuptling an Sclavenhändler aus Benguela verkauft. Als sie sah, daß die Sache ernst wurde und daß man sie fortführen wolle, ergriff sie eine Lanze, durchbohrte sich damit und fiel todt nieder."

".... O warum können wir nicht eine genaue Beschreibung der Greuel dieses Menschenhandels, eine annähernd genaue Zahl der jährlich vernichteten Existenzen geben? Wir fühlen es, wenn nur die Hälfte dieser Schrecklichkeiten bekannt wäre, die Entrüstung und das Mitleid würden so mächtig werden, daß dieser höllische Handel bald verschwinden müßte, wie große Opfer es auch kosten möchte. Aber uns fehlen die Ziffern: sagen wir nur, was wir von diesem Theile Afrikas wissen, der Leser mag sich danach seine Rechnung machen. Oberst Rigby, englischer Consul in Zanzibar, sagte uns, daß allein aus der Region des Nyassa jährlich 19000 Sclaven die Zollgrenze passiren. Wohl verstanden sind die in den portugiesischen Rheden Expedirten nicht in dieser Zahl einbegriffen. Und die Gefangenen, welche man aus ihrem Lande schleppt, bilden nur einen kleinen Theil der Opfer. Eine richtige Idee von diesem Handel kann man sich nur an seiner Quelle machen; dort wohnt der Teufel leibhaftig. Für einige Hundert, welche man gefangen nimmt, werden Tausende getödtet oder sterben an ihren Verwundungen, während die Flüchtigen vor Hunger und Elend umkommen . . . . Die zahlreichen Skelette, die an den zu leeren Dörfern führenden Wegen liegen, sagen genug über die schreckliche Menge von hingeopferten Menschenleben. Nach dem, was wir mit eigenen Augen gesehen, haben wir die feste Ueberzeugung, daß auf jeden Sclaven mindestens fünf Opfer kommen, die bei der Jagd zu Grunde gehen. Wollten wir aber das Thal von Cbire zur Grundlage unserer Berechnung machen, so würden wir sagen, daß im Durchschnitt nicht ein Zehntel der Opfer lebendig verkauft wird . . . ."

" . . . . Der Anblick dieser Einöde, buchstäblich gedüngt mit Menschenknochen, ließ uns begreifen, daß es unmöglich sein werde, einen regelmäßigen Handel mit diesen Gegenden anzuknüpfen, so lange der Menschenhandel, diese schreckliche Landplage, nicht verschwunden ist."

Aus Stanley's Werk: "Fünf Jahre am Congo"

entnehmen wir (Capitel XXVI) folgende Stellen:

" . . . . Am anderen Morgen, nachdem wir zwei Stunden marschirt waren, erkannte ich den Platz eines Dorfes, das ich auf meiner Karte von 1877 mit dem Namen Maonembé bezeichnet hatte. Aber 1877 lag das Dorf hinter starken Verschanzungen eingeschlossen, während heute nicht die kleinste Hütte mehr existirte. Wie wir näher kamen, konnten wir noch die Ueberreste einiger Bananenbäume und die Spuren der Fußpfade unterscheiden, die vom Ufer des Flusses zu dem Dorfe führten, aber nichts Lebendes gab es ringsum. Eine Feuersbrunst hatte Alles vernichtet. Das Dorf hatte aufgehört zu existiren, als ob sein Dasein nur ein Traum gewesen wäre. Was hatte sich denn inzwischen ereignet?

Ein wenig weiter zog eine andere Erscheinung unsere Aufmerksamkeit an. Zwei oder drei große Kähne, mit der einen Spitze in die Erde vergraben, standen aufrecht in ganzer Höhe am Ufer des Flusses, wie gespaltene und ausgehöhlte Baumstämme. Was bedeutete dieses phantastische Schauspiel? Nur die Araber konnten ein solches Kraftstück ausführen, diese Kähne, aufrechtstehend wie Schildwachen, verriethen, daß die Sclavenjäger unterhalb der Stanley-Fälle erschienen waren! . . .

Später vernahmen wir, daß hier in dieser heute verödeten Gegend früher die Ortschaft Yomburri gestanden hatte. Gleich darauf sahen wir auf demselben Ufer eine neue Scene von Trostlosigkeit und Elend: eine ganz niedergebrannte Stadt, abgehauene Bananenbäume und wieder die ominösen Leichensteine in Form von Kähnen. Aber hier gab es wenigstens noch menschliche Wesen, welche uns eine Erklärung dieser Scenerien geben konnten. Ungefähr 200 Eingeborene kauerten vor den Trümmern. Einige hielten das Haupt in die Hände vergraben, andere starrten verzweifelt in's Leere, wieder andere, das Kinn in die Hand gestützt, blickten uns mit stupidem geistlosen Ausdruck an. Ihre Augen schienen zu sagen: „Die Grausamkeit der Menschen ist über uns gekommen: wir haben Alles verloren, unser Eigenthum, unser Glück, unsere Hoffnung. Welches neue Böse könntet Ihr uns anthun: wir haben so viel gelitten, daß Ihr keine größeren Grausamkeiten mehr ersinnen könnet."

Ich gab Yambila Befehl, die Unglücklichen auszufragen. Da erhob sich denn ein Greis, niedergedrückt von Verzweiflung, und begann uns die Geschichte ihres Unglücks mit äußerstem Wortschwalle zu erzählen. Das Städtchen war ganz unerwartet von einer Bande überfallen worden, die mit wildem Geschrei und ohrenbetäubendem Flintengeknalle die Luft erfüllte. Diese Briganten hatten alle Bewohner erwürgt, die aus den brennenden Hütten zu entweichen versuchten; nicht ein Drittel der männlichen Bevölkerung kam mit dem Leben davon und die Frauen und Kinder waren zumeist fortgeschleppt, Gott weiß wohin.

„Und in welcher Richtung sind die Missethäter abgezogen?" ließ ich fragen.

„Fluß aufwärts: es sind jetzt acht Tage seitdem verflossen."

„Haben sie alle Dörfer niedergebrannt?"

„Alle ohne Ausnahme, zu beiden Seiten des Flusses." —

So weit der Bericht des Alten. Am Morgen des 17. November hielten wir uns am Ufer eine Weile mit Holzbauen auf, als plötzlich etwas den Fluß heruntertrieb. Der „En-avant" ruderte darauf zu und einer unserer Leute hielt den fraglichen Gegenstand an. O Schrecken! Es waren zwei Frauenleichen, mit einem Stricke zusammen-

gebunden! Und allem Anscheine nach war das Verbrechen vor noch nicht
12 Stunden begangen. Wie wir noch über diese schaurige That nach=
dachten und auf dem Flusse weiter fuhren, sahen wir auf einmal eine
Menge weißer Gegenstände vor uns. Mit Hülfe meines Fernrohres
erkannte ich Gruppen von Zelten. Wir waren auf die Araber vom
Nyangué gestoßen. Einen Augenblick kämpfte ich einen schrecklichen Kampf
mit mir selbst. Ich fand mich unwiderstehlich getrieben, die Urheber
so vieler Verbrechen und Metzeleien zu züchtigen. Die Erinnerung an
die verwaisten und niedergebrannten Häuser, an die armen, aus ihren
Wohnungen gerissenen Menschen, an jenen Greis, der so beredt in seinem
Schmerze war, und an die Leichen der Frauen, die mitten im Strome
verwesen, das alles rief nach Rache. Aber die Ueberlegung kam nach.
Mit welchem Rechte konnte ich mich zum Richter in Afrika machen?
Und wozu konnte die Bestrafung der Schuldigen nützen? Alle diese
Verbrechen waren begangen, die Asche der verbrannten Hütten war
kalt, das Blut der Opfer hatte der Boden getrunken. Und doch, noch
befanden sich die Gefangenen in den Händen ihrer Räuber, dort gab es
noch Schmerz zu trösten, noch Thränen zu trocknen, deren Quelle noch
längst nicht versiegt war.... Uebrigens, was kann uns später
diese fruchtbare Gegend nützen, wenn wir zugeben, daß
die Barbaren sie so verwüsten?

Wir landeten und schlugen unser Lager etwas oberhalb des Araber=
Lagers auf, und einige Minuten später wechselten unsere Zanzibariten
lebhafte Händedrücke mit den Manuemas, den Sclaven von Abed=ben
Alim, welche diese Gegend verheert hatten, um ihrem Herrn neues Elfen=
bein und neue Sclaven zu bringen. Diese Horde von Banditen —
denn einen besseren Namen verdiente sie nicht — operirte unter dem
Commando mehrerer Führer, von denen die ersten Karema und Kiburuga
heißen. Sie hatte 16 Monate zuvor die Stadt Uané Kirundu, 50 Kilo=
meter von Binwa Niara gelegen, verlassen. Elf Monate hindurch hatte
sie die ganze Gegend zwischen dem Congo und dem Lubiranzi verwüstet,
und dieselbe haarsträubende Arbeit wollte sie nun zwischen dem Biyerré
und Uané Kirundu vornehmen. Ein Blick auf meine Karte zeigte mir,
daß die heimgesuchte Gegend, auf dem rechten und linken Ufer, eine
Oberfläche von mehr als fünfundfünfzig Tausend fünfhundert
Quadrat=Kilometer — 3200 Quadrat=Kilometer mehr als Irland
— einnimmt und daß sie eine Bevölkerung von ungefähr einer
Million Seelen umfaßte.

Das Lager der Räuber war etwa 125 Meter von dem unsrigen entfernt und durch ein Stacket geschützt, das aus den Ueberresten der zerstörten Häuser von Njangambi hergestellt war. In Mitten des geschlossenen Raumes erhoben sich eine Anzahl von Schuppen, die einen Raum von etwa 100 Quadrat-Meter bedeckten, am Ufer zählte ich 54 Kähne, von denen ein jedes wohl 10—100 Personen — je nach ihrer Größe — halten konnte. Das Lager ist buchstäblich angefüllt mit Menschen. Auf allen Seiten sieht man Gruppen von Negern, unbeweglich oder umher irrend, schweigsam und finster, lebhaft von den weißen Mänteln der Araber abstechend. Unter den Schuppen sieht man nackte Körper in allen Stellungen, zahllose Reihen von Beinen, die unglücklichen Schlafenden angehören, kleine Kinder, deren noch in der Entwicklung begriffene Glieder kaum das Geschlecht errathen lassen; hier und da einen Trupp alter Frauen, gebeugt unter der Last von Körben, angefüllt mit Kohlen oder Bananen, geführt von zwei oder drei mit Karabinern bewaffneten Banditen. Wie ich mir das Bild näher ansah, bemerkte ich, daß alle die Unglücklichen Ketten trugen: die jungen Leute hatten um den Hals Zwingen, welche durch Ringe mit anderen Zwingen verbunden waren, so daß immer zwanzig der Gefangenen zusammen gehalten wurden. Die Kinder im Alter von zehn Jahren trugen um die Beine kupferne Ketten, welche ihre Bewegungen hemmten; die Mütter trugen kürzere Ketten, an denen die kleineren Kinder befestigt waren. Nicht ein einziger kräftiger Mann befand sich unter den Gefangenen.

Nach ihrer eigenen Angabe führen die Menschenjäger zur Zeit nur 2300 Gefangene mit sich. Und doch haben sie wie eine Geißel, tödtend und zerstörend ohne Mitleid, was ihnen begegnet, ein ganzes Land durchzogen, das größer ist wie Irland; 118 Dörfer, 43 größere Gemeinden umfassend, sind verheert, und dieses Vernichtungswerk hat den Unholden nur 2300 Sclaven, Frauen und Kinder, und etwa 2000 Elephantenzähne eingebracht. Die große Zahl Lanzen, Säbel und Waffen aller Arten, welche sich bei der Beute befinden, deuten an, daß Hunderte von wehrfähigen Männern im Kampfe gefallen sind. Nehmen wir an, daß eine jede der 118 Ortschaften nur eine Bevölkerung von tausend Personen zählte, so haben die Araber nur zwei Procent zu Gefangenen gemacht, und rechnen wir ferner ab, was auf dem Marsche zum Sclavenmarkte von diesen noch erliegt, so kann man annehmen, daß diese blutigen Raubzüge ihren traurigen Helden nicht mehr als ein Procent der vernichteten Bevölkerung einbringen.

Die Elenden versicherten mir, daß mehrere Sclaventransporte, ebenso zahlreich, wie der gegenwärtige, bereits in Nyangué angekommen seien. Diese fünf Expeditionen haben das weite Gebiet, in dem wir reisen, verödet und entvölkert. Mindestens 10 000 Sclaven wurden weggeschleppt. Und da die Hälfte davon unterwegs stirbt, so sind in Nyangué, Kirundu und Bibondo nur etwa 5000 angekommen, ein halbes Procent der Bevölkerung. Und wie viel Blut wurde vergossen, wie viele Existenzen sind vernichtet, um ein solches Resultat zu erhalten!

Ziehen wir die schreckliche Bilanz. Zu den erwähnten 118 Dörfern haben die Araber 3600 Sclaven gemacht. Sie mußten deshalb zum Mindesten 2500 wehrfähige Männer umbringen, ferner sind 1300 ihrer Gefangenen vor Verzweiflung, Hunger und Krankheit zu Grunde gegangen. Darnach hat der Fang von 10 000 Sclaven durch die fünf Expeditionen nicht weniger als 33 000 Menschen das Leben gekostet! Und was sind das für Sclaven, die ich vor mir sehe, und für welche Väter, Gatten und Brüder ihr Blut vergossen? Schwache Frauen, ganz kleine Kinder!... Um einen vierjährigen Knaben in Ketten zu legen, hat man ganze Familien von sechs Personen umgebracht!...

* * *

Die traurigen Schilderungen der vorstehenden Blätter dürften genügen, um dem Leser ein ungefähres Bild von dem gräßlichen Drucke zu geben, unter welchem die Neger schmachten, von dem Abgrunde des Elendes, aus dem sie nicht nur zum Himmel und gegen die Missionare, sondern vielmehr gegen einen Jeden ihrer Mitmenschen verzweifelnd die Hände ausstrecken, schreiend und wehklagend: Rettet, rettet uns, wir gehen zu Grunde! Und sicher, wessen Herz könnte gefühllos bleiben beim Lesen dieser Zeilen? Wenn wir aber von jedem Menschen ohne Ausnahme voraussetzen müssen, daß solche Schilderungen ihm den Wunsch nach Abhülfe einflößen, um wie viel mehr gilt dies von unseren christlichen und katholischen Glaubensgenossen. Uns Katholiken leitet dabei nicht allein das Mitgefühl, es kommen sehr gewichtige andere Gründe für uns in Betracht.

Unser heil. Vater Leo XIII. erklärte es am 5. Mai laut und feierlich vor dem ganzen Erdkreise, unter allen Gaben, die man ihm zu seinem Jubiläum dargebracht, habe keine seinem Herzen wohler gethan, als jene, mit welchen man den Sclaven in Brasilien die Freiheit wiedergab.

Liebe Leser, welche edle Mahnung liegt in diesen Worten an das Herz der treuen Söhne unseres allgeliebten obersten Hirten! Noch ist das Jubeljahr nicht vorüber, noch ist es Zeit, dieses schönste Fest der katholischen Kirche auf ewige Zeiten zu verherrlichen, und zwar indem wir noch in diesem Jahre den Grundstein legen zu einem Werke, das bestimmt ist, auf Jahrtausende hinaus Früchte zu tragen und den Namen Leo XIII. auf immer tief in die Herzen der Menschen einzugraben. Möge von dem Jubiläum Leo's XIII. die Befreiung der afrikanischen Sclaven datiren!

Und zweitens, lieber Leser, liebe Leserin, kann ein Katholik gleichgültig bleiben beim Anblicke jenes ehrwürdigen Greises, der noch im Alter allen Mühen trotzt und zum Wanderstabe greift, um Europa den Kreuzzug zu predigen gegen entmenschte Horden? Welches große Opfer bringt dieser Mann, der längst genug gearbeitet, um seine alten Tage in Ruhe beschließen zu können, und welches geringe Opfer verlangt er dagegen von uns, wenn er bittet, ihm und seinem Werke mit einem Scherflein zu Hülfe zu kommen? Dieser große Mann ist der Ruhm seines Jahrhunderts, der noch strahlendere Ruhm seiner Kirche; soll die Nachwelt von ihm sagen, daß er Großes vollbracht und noch **Größeres hätte vollbringen können, wenn nicht gerade Jene ihn im Stich gelassen hätten, auf deren Hülfe zu hoffen er ein Recht hatte?** Das wäre eine Schmach für unser Jahrhundert, eine noch größere Schmach aber für uns Katholiken, denen vor Allem das Gebot heilig sein muß: Liebe deinen Nächsten! — Nein, das soll nicht sein, das wird nicht sein! Und wenn das Wort wahr ist, daß Jener vor Allem unser Nächster ist, der unserer Hülfe am nothwendigsten bedarf, so findet es sicher mit Recht Anwendung auf die armen Schwarzen im Herzen Afrikas. Sie bedürfen unserer Hülfe in doppelter Hinsicht: einmal, um ihr Leben und ihre Freiheit, dann um ihre noch vom Dunkel des Heidenthums eingehüllte Seele zu retten. Das Eine wird durch das Andere erreicht. Die leibliche Wohlthat, welche wir ihnen erweisen, wird ihre Herzen dem Christenthume geneigt machen und wir werden die hohe Befriedigung haben, zu sehen, wie unsere gespendeten milden Gaben, so klein sie sein mögen, tausend und millionenfache Früchte tragen. Wohl kaum giebt es ein Volk, das sich

leichter dem Christenthume ergiebt, als der Neger, und mit welcher
Festigkeit und Ueberzeugung die Schwarzen für ihren Glauben Zeugniß
abzulegen wissen, davon hat uns die Christenverfolgung im Königreiche
Uganda vom Jahre 1886 ganz wunderbare Beweise geliefert. Wer
Gelegenheit hatte, vor zwei Jahren in jenen Berichten zu lesen, wie
neugetaufte, ja noch nicht einmal getaufte Neger, Erwachsene wie Kinder,
freudig für Christum den Tod erlitten, der fühlte sich unwillkürlich in
die ersten Zeiten des Christenthums zurückversetzt, dem ist es aber auch
zum Bewußtsein gekommen, daß auch der Neger unter seiner schwarzen
Haut ein gutes, für das Höchste verständnißvolles Herz besitzt, und daß
dort in Afrika für das Christenthum ein ungemein fruchtbares Feld
zur ausgedehntesten Thätigkeit sich darbietet. Also um so mehr und
um so ernster müssen wir jetzt die Frage uns vorlegen: Sollen wir
jene Völkerschaften, die nur von uns Hülfe erwarten können, ihren
Henkern überlassen, sollen wir eine Race von hundert Millionen Seelen
vernichten lassen, noch ehe es unseren Missionaren möglich war, sie zum
christlichen Glauben zu führen? Sollen wir es geschehen lassen, daß man
unsere Neugetauften und im Unterricht Befindlichen unter den Augen
der Missionare mordet oder, was noch schlimmer ist, sie dem Fanatis=
mus toranwüthiger Muselmänner ausliefert, damit diese jeden sprossen=
den Keim christlichen Glaubens ersticken? Lieber Leser, und besonders
Du, liebe Leserin, deren Herz bei dem Anblicke gewöhnlichen Elendes
schon weich wird, beantworte Dir diese Frage.

Das Vorstehende war bereits geschrieben, als der Cardinal seine
Rede in Brüssel hielt. Eben hatte er neue Berichte von seinen Missio=
naren erhalten, die neue Scheußlichkeiten meldeten. Wir wollen nur
drei davon nachtragen.

Einer der Patres, welcher nach Brüssel kam, erzählte, wie er das
Congo=Gebiet betreten habe, sei er Zeuge von dem Begräbnisse eines
Häuptlings geworden, mit dem todten Häuptling aber begrub man
zwanzig lebende Sclaven!!!

Ein anderer Pater erhielt den Besuch eines Häuptlings, und dieser
bat, der Pater möge auch ihn wieder besuchen kommen. „Wenn Du
kommst," sagte der Wilde, um den Pater zu überreden, „lasse ich
acht lebende Frauen vor meinem Hause verbrennen."
Das erschien ihm als eine besondere Ehrenbezeugung, oder wohl auch
als das größte Vergnügen!!!

Ein anderer Häuptling, Menka mit Namen, besitzt ein ganzes Musikcorps, besonders viele Tambours darin. Er findet aber, daß Trommelstöcke keinen guten Klang hervorbringen. Was thut der Kannibale? Er schneidet seinen Sclaven die Hände ab und läßt sie mit den verstümmelten Armen die Trommeln schlagen!!!

Genug davon: man könnte Tausende von Bogen schreiben, wollte man alle Grausamkeiten der Sclavenhalter und Sclavenjäger verzeichnen. Auch an uns richten sich die Worte des Cardinals, die er in Brüssel an seine Zuhörer richtete: „Begreifet Ihr jetzt, warum ich von meiner Heimath abgereist bin, um mich an das christliche und civilisirte Europa zu wenden? Ist es möglich, daß ein Bischof, der solche Dinge kennt, nicht Mittel suche zu ihrer Abstellung?"

Wir fügen hinzu: Ist es möglich, daß das christliche und besonders das katholische Europa dem Cardinal seine Hülfe verweigert, daß es diese Schandthaten fortdauern läßt? Nein und abermals nein! Abhülfe, schleunigste Abhülfe fordert das Gebot der Humanität, noch mehr das Gebot des Christenthums; unser hl. Vater Leo XIII. war derjenige, welcher seinen würdigen Sendboten in die Welt sandte, um sie aufzufordern, mit bewaffneter Hand dem schauderhaften Treiben zu steuern; schon regt es sich in Frankreich, in Belgien, in Holland, in England mächtig: wollte Deutschland zurückbleiben? Auch wir haben unsere Interessen in Afrika zu vertreten, unsere ostafrikanischen Gebiete stoßen ganz nahe an die Regionen des Sclavenraubes, es wäre somit schon im Reichsinteresse zu wünschen, daß Deutschland die Sclavenjäger seine schwere Hand fühlen ließe und mit Energie dem Handel ein für alle Mal ein Ziel setzte. Zudem haben ja auch die Signatarmächte des Berliner Congo-Congresses sich feierlich zur Unterdrückung der Sclaverei verpflichtet.

Schon mehr als einmal ist darauf hingewiesen, daß man in der Erschließung Afrika's zu jetziger Zeit eine Ausführung des Planes der göttlichen Vorsehung erblicken dürfe, daß auch endlich von den armen Söhnen Chams der Fluch genommen werde, der seit dem Frevel ihres Stammvaters auf ihnen lastet. Das Heidenthum ist Dunkelheit, das Christenthum Licht, und dieses Licht soll nunmehr auch über den „dunklen Erdtheil" strahlen, auf den die Augen aller Welt gerichtet sind. Sollte man nicht annehmen dürfen, daß der Schrecken des Sclavenhandels unmittelbar dazu dienen werde, dem

Inneren Afrika's geordnete Zustände und die Predigt des Evangeliums zu bringen? Gottes Wege sind wunderbar, aber er fordert von uns, daß wir unsere Pflicht thun, und was Afrika angeht, ist gegenwärtig unsere heilige Pflicht: Unterstützung der Bestrebungen des hl. Vaters und seines würdigen Sendboten, Sr. Eminenz des Cardinals Lavigerie!

Ein Jeder nach seiner Art: wer das Zeug zu einem Stanley, Emin Pascha oder Zenberr in sich fühlt, wer den Degen und die Büchse führen und über seine Person frei verfügen kann, wer nach Lorbeern in einem edlen Kampfe strebt, der möge seinen Namen in die Liste Jener eintragen, die bereits auf den Ruf des Cardinals antworteten, und sich bereit halten für den Augenblick, wo man an seinen Muth appellirt. Unausführbar ist das Werk nicht, wie wir gesehen. Die Uebrigen aber, und vor Allem Ihr, liebe Leser und Leserinnen, haben erfahren, was die Pflicht der Nächstenliebe verlangt: Unterstützung durch freiwillige Geldspenden Jener, die für das leibliche und geistige Wohl der armen verfolgten Mitmenschen Leben und Gesundheit aufs Spiel setzen. Wenn ein Paar Dutzend thatkräftige Männer in Europa die Werbetrommel rühren, eine kleine Zahl von fähigen Leuten um sich schaaren und sich mit ihnen der kriegerischen Ausbildung der Neger widmen, wenn alle die Millionen Deutschlands, Oesterreichs, Frankreichs, Englands, Belgiens, Italiens und der übrigen Länder nach Kräften beisteuern, um den zu bildenden schwarzen Truppen Waffen und Munition zu verschaffen, so wird die Sclavenjagd bald ein unrentables Unternehmen werden und Menschlichkeit und Christenthum haben dann einen großen Sieg errungen.

Aber, wie der Cardinal so eindringlich predigt, schleunige Hülfe thut Noth. Beginnen wir bald die Arbeit. Verbreiten wir überall die Kunde von den Schandthaten, sorgen wir besonders, daß dieses Büchlein in jedes Christen Hände gelangt. Männer, Frauen, Mädchen, alle finden etwas darin, was sie besonders interessirt, was ihr Mitleid erregt. Und die Lectüre ist mindestens ebenso interessant, wie unsere „spannenden Romane", welche vielfach nur dazu dienen, den Panzer der Selbstsucht und Genußsucht um das Herz zu legen.

Und ist die Kenntniß der afrikanischen Zustände einmal allgemein geworden, so hat der Schreiber dieses Werkchens seinen Zweck erreicht, dann ist der Boden vorbereitet, der Same, aus dem christlicher Opfergeist entsprießen soll, ist ausgestreut und mit Gottes Hülfe wird er reichliche Früchte bringen.

Es ist nicht die Aufgabe des Verfassers, Vorschläge zu machen, in welcher Weise wir das uns so ernst ans Herz gelegte Gebot der christlichen Liebe am besten erfüllen können: er ist nur der Bote, der Euch, liebe Leser, den Willen Gottes, den sehnlichsten Wunsch des hl. Vaters, die Bitten des Apostels Afrikas, die Hülferufe unserer armen Neger übermittelt. Aber einen Wunsch möchte er aussprechen, den, daß sich bald alle deutschen Männer und Frauen zu einem großen Bunde vereinigen, dessen Loosung ist: Keine Sclaven mehr! Mit vereinten Kräften wirkt man Wunder, und unsere Zeit kennzeichnet sich durch einen ganz besonderen Hang zu Vereinigungen; möge dieser Hang die Morgenröthe der Freiheit und Civilisation für die armen, bedauernswerthen Bewohner des schwarzen Continents werden.

Belgien hat den Kreuzzug begonnen. Wie Gottfried von Bouillon an der Spitze seiner Belgier zum hl. Lande zog und den Türken das Grab des Erlösers entriß, so wird auch heute das katholische Belgien wieder an der Spitze des neuen Kreuzzuges stehen. Der Cardinal hat 100 entschlossene Männer aufgerufen, die aus Begeisterung für die hl. Sache, nicht aus Lust zu Abenteuern, den Kampf beginnen wollen. Mit ihnen hofft er den Sclavenhandel am Tanganika-See lahm zu legen. Die Kosten, ca. 1 Mill. Francs, erwartet er von der Mildthätigkeit der Menschenfreunde in Belgien. Aber das ist nur erst ein Anfang und betrifft nur einen Punkt auf dem belgischen Ufer des Tanganika. Am anderen Ufer ist deutsches Gebiet, und gerade aus diesem deutschen Gebiete kommen die Sclavenhändler, die den Sclavenjägern im belgischen Congo-Gebiete ihre Menschenwaare abkaufen. Damit ist auch uns unser Ziel angedeutet. Setzen wir den Cardinal in den Stand, nicht bloß am Tanganika-See, sondern an allen Punkten, wo die Sclavenjägerei und der Sclavenhandel betrieben werden, kleine Abtheilungen aufzustellen, versehen wir ihn mit einem Worte mit den nöthigen Mitteln, um sein Rettungswerk überall zu beginnen und durchzuführen. Das zu bringende Opfer ist groß, aber gering für den Einzelnen, wenn die Betheiligung eine allgemeine ist, und der Lohn ist ein unermeßlich großer. Mit einer Mark rettet man ein Menschenleben!

"Mögen Alle," sagt der Engländer Cameron, "welche wünschen, daß der Sclavenhandel ausgerottet werde, sich regen und durch ihr Wort, ihre Börse, ihre Energie denjenigen zu Hülfe kommen, denen das Unternehmen anvertraut werden kann. Möge man den Missionaren in Afrika würdige Gehülfen senden, die bereit sind, ihr Leben der übernommenen Aufgabe zu widmen. Nicht durch Reden noch durch Schriften kann Afrika regenerirt werden, sondern nur durch Thaten. Wer sich im Stande fühlt, die Hand dazu zu bieten, thue es. Nicht Jeder kann reisen, Apostel oder Kaufmann werden, aber **Jeder kann den Leuten, welche Hingebung oder Beruf dorthin führt, brüderlich Hülfe leisten.**"

Dieses Wort des englischen Protestanten ist nicht mehr neu, indeß erst heute hat es Aussicht, recht gewürdigt zu werden. Aber befolgen wir es rasch, antworten wir ohne Zögern auf den Ruf des hl. Vaters, seines Cardinals und unserer unglücklichen Brüder. Jeder Tag kostet 4000—5000 von ihnen Leben und Freiheit, gehen wir von Worten, von Ausbrüchen der Entrüstung zur That über. Wir haben so viele Vereine in Deutschland, die sich der Förderung humaner und katholischer Zwecke widmen, gründen wir — ich schließe mich hiermit dem Wunsche an, der in der katholischen Presse bereits mehrfach ausgesprochen wurde — einen neuen Verein, der speciell die Abschaffung der Sclaverei auf seine Fahne schreibt. Vom Wohlthun ist noch kein Volk verarmt, viele kleine Beiträge machen große Summen aus, und solche sind es, die ein so mächtiges und fruchtbares Werk verlangt. Mit Trauer und Stolz zugleich gedenken wir bei diesen Zeilen eines leider zu früh entschlafenen edlen Jünglings unseres Bekanntenkreises, dessen Mitleid mit den armen Negern und ihrer traurigen Lage so groß war, daß er noch in den letzten Tagen seines Lebens sich zu der größten Sparsamkeit entschloß, um nur möglichst viele der Unglücklichen aus ihrem Elende befreien zu können, ohne deshalb die übrigen Werke christlicher Liebe zu vernachlässigen — sein Name ist Hermann Graf von Stainlein-Saalenstein, dessen Bild dem Verfasser dieses Schriftchens bei der Abfassung vor Augen gestanden hat und den er hier als ein leuchtendes Vorbild für Alle hinstellen möchte, denen Gott irdische Glücksgüter und — ein warmes Herz für die Leiden ihrer Mitmenschen gegeben hat. Noch eben lese ich, daß die hochherzige Gräfin 20 000 Frcs. im Namen ihres verewigten Sohnes für den „neuen Kreuzzug" spendete und diesem damit wohl das denkbar schönste Denkmal setzte.

Die Sclavenfrage auf der XXXV. General-Versammlung der Katholiken Deutschlands in Freiburg.

Als eine sehr günstige Fügung muß man es bezeichnen, daß der Cardinal Lavigerie seinen Kreuzzug eben zu einer Zeit begann, wo sich das katholische Deutschland rüstete, in Freiburg im Breisgau seine gewohnte jährliche Heerschau zu halten. Diese General=Versammlungen sind die Schöpfer und Triebfedern aller großen Werke, für welche sich das katholische Volk Deutschlands begeistert, und ein Unternehmen, welches dort seine Weihe erhalten hat, steht fest begründet im Herzen des katholischen Volkes.

Dieses Bewußtsein hat denn auch den Cardinal bestimmt, in einer langen Denkschrift sich an den Katholikentag zu wenden, da er zu seinem großen Bedauern nicht persönlich in Freiburg erscheinen konnte. Hätten wir diese Broschüre nicht bereits so weit fertig, so würden wir vielleicht das ganze so beredte Document in deutscher Uebersetzung geben, nun aber können wir uns damit begnügen, dasjenige daraus hervor=zuheben, was in den vorstehenden Blättern nicht schon berichtet und besprochen wurde.

Nach dem Beispiele seines heiligen Vorgängers auf dem erzbischöf=lichen Stuhle von Karthago, des hl. Cyprianus, der sich an die Wohl=thätigkeit Aller wandte, um die von den Barbaren fortgeführten Ge=fangenen loszukaufen, wendet sich der Cardinal an uns, an alle Christen und fleht um Mitleid für seine unglücklichen Neger. Deutschland, sagt er in seinem Briefe an den Präsidenten des Katholikentages, kann nicht zurückbleiben, und er begrüßt es mit Freuden, daß bereits die Anregung zur Bildung eines katholischen Vereins gegen die Sclaverei gegeben wurde. Die Gerechtigkeit verlangt es, daß wir das Werk der afrikanischen Forscher, unter denen er die Deutschen v. d. Decken, Henglin, Gerhard Rohlfs, Schweinfurt, Vogel, Beurmann, Lenz, Nachtigal hervorhebt, unter unseren Schutz nehmen; die nationale Ehre fordert, daß in einem Erdtheile, von dem bereits große Theile zum deutschen Reiche gehören und andere später dazu gehören werden, solchen Zuständen ein Ende gemacht werde. Der Ruf unseres hl. Vaters ladet uns ein zu diesem Werke, und diesem Rufe zu folgen, ist Gewissenspflicht, wie wir es auch der Ehre des christlichen Namens selbst schuldig sind, zur Abschaffung des infamen Menschen=handels nach Möglichkeit beizutragen.

Der Cardinal führt ferner aus, wie wir Deutschen mit den in Afrika erworbenen Rechten auch **Pflichten** übernommen haben. Im **Berliner Congo-Vertrage** haben sich die in Afrika interessirten Mächte **ausdrücklich verpflichtet**, über die Erhaltung der Eingeborenen zu wachen, ihre sittliche und materielle Lage zu verbessern, auf die Abschaffung der Sclaverei und besonders des Sclavenhandels hinzuarbeiten. Jede der Mächte verpflichtete sich, alle in ihrer Macht stehenden Mittel anzuwenden, um diesem Handel ein Ende zu machen und Jene zu bestrafen, die sich damit beschäftigen.

Hören wir nun, was der Cardinal über jene Gebiete berichtet, die unter der Herrschaft Deutschlands stehen. Der deutsche Einfluß beginnt im Osten und Westen am Gestade des Indischen Oceans und erstreckt sich bis zum Tanganika; im Süden und Norden erstreckt er sich von den früher portugiesischen Besitzungen bis zu den neuesten englischen Erwerbungen. „Nun aber," schreibt der Cardinal, „kenne ich, abgesehen von dem Oberen Congo, kein afrikanisches Gebiet, das mehr durch die Greuel der Sclaverei entehrt wurde, als jenes. Das sagen die Berichte der Missionäre, welche in den letzten zehn Jahren dorthin gesandt wurden und unter denen sich vier Deutsche befinden (die PP. Schunze und Hirth, sowie die Brüder Baumeister und Blum). Die ersten Forscher, welche jene Gegenden besuchten, rühmten deren Schönheit und Fruchtbarkeit: besonders die Provinz Usfagara eigne sich besonders zur Colonisirung, sobald man nur Verkehrsmittel schaffe. (Dort sind die ersten deutschen Colonieen angelegt.) Dann aber kamen Banden von Sclavenjägern aus Zanzibar und verbreiteten Tod und Schrecken über die unglückliche Gegend. Schon Livingstone malt in seinem Berichte über die Forschungsreisen am Zambese ein ergreifendes Bild von der einst so blühenden und bevölkerten Provinz, wo er später fast nur noch Gerippe vorfand. Wenn nun heute in jenen Gebieten die Sclavenjagden nicht mehr vorgenommen werden, weil es fast keine Neger mehr dort giebt, so ziehen doch gerade aus jenen **deutschen** Gebieten ganze Banden von Muselmännern auf dieses schändliche Gewerbe aus. Tabora und Udschidschi, das eine im Mittelpunkte von Unyanwembe, das andere am östlichen Ufer des Tanganika gelegen, sind ihre Hauptstädte. Dort sammeln sie sich, von dort aus verheeren sie das Herz Afrikas, vom Süden des Nyassa bis zum Norden des Tanganika ist kein Neger vor ihnen sicher. Und sie beeilen sich mit ihrer Arbeit, um damit fertig zu werden, ehe Europa den Verfolgten zu Hülfe kommt, ehe Deutschland

Zeit findet, seine ersten Truppen auf die Hochebenen des Inneren zu schicken. Briefe, die der Cardinal soeben empfangen hat, melden, daß man an den großen Seen Kunde erhalten habe von der Absicht der europäischen Mächte, Afrika unter sich zu theilen, und daß man sich dort sage, es sei keine Zeit mehr zu verlieren.

Wenn nun zwar zur Zeit auf deutschem Gebiete die Menschenjagden aufgehört haben, so hebt der Cardinal dagegen hervor, daß die Sclavenmärkte, die Straßen, auf welchen die Sclaven-Karawanen fortgeschafft werden, die Einschiffungspunkte, von wo aus sie nach Asien überführt werden, auf deutschem Gebiete liegen. Der gräulichste Sclavenmarkt in ganz Afrika ist jener von Udschidschi, über den wir schon auf Seite 25 berichteten, und Udschidschi gehört Deutschland! Dort, auf deutschem Gebiete, ist es, wo sich die Hyänen einen Ekel gefressen haben am Menschenfleisch!!!

Nicht viel Besseres kann man von Tabora sagen, das ebenfalls deutsches Besitzthum ist. Dort geht die Menschenwaare in die Hände von Wiederverkäufern über, dort hat, ebenso wie in Udschidschi, der Sultan von Zanzibar seine Agenten, welche den Sclavenhändlern offen Schutz angedeihen lassen."

Welche Pflichten haben nun die deutschen Katholiken angesichts der Zustände in ihren afrikanischen Provinzen?

Diese Frage beantwortet der Cardinal folgendermaßen:

Es sind dieselben Pflichten, welche die Katholiken aller anderen Staaten Europas haben. Fassen wir sie in zwei Worte zusammen: Die Katholiken sollen ihre Regierung durch genaue Mittheilungen über die Schrecklichkeiten der afrikanischen Sclaverei aufklären und sie zum Handeln drängen, ferner müssen sie derselben persönliche und materielle Hülfe leisten bei der Unterdrückung der Sclaverei.

So lange Europa die Schandthaten nicht kannte, vermochten die Katholiken der verschiedenen Staaten nichts dagegen zu thun. Bevor ihr Vaterland die Souveränetät über Theile Afrikas erworben, hatten sie keine besonderen Pflichten zu erfüllen. Aber es wäre heute eine Grausamkeit, nicht handeln zu wollen, es wäre verdammenswerth, heute noch schweigen zu wollen.

Oder wolltet Ihr etwa, ruft der Cardinal, noch länger ohne Schaudern das Echo jener Schlächtereien anhören? Wollet Ihr es geschehen lassen, daß Tausende von menschlichen Wesen zur Sclaverei verurtheilt, ihrer Freiheit, des ersten Gutes des Menschen, beraubt werden? Daß man sie hinschleppt auf die Märkte, wo sie hinsterben vor Noth und Entbehrung, daß man sie einpfercht in Boote, sie zerstreut nach allen vier Winden der muhamedanischen Welt, daß man die Mütter von den Kindern reißt, um sich der einen wie der anderen zu schamlosen Ausschweifungen zu bedienen?

Sprechen wir es ganz aus. Wollet Ihr die Schande vor der Geschichte auf Euch nehmen? **Soll Gott eines Tages von Euch das Blut Eurer Brüder fordern?** Wollt Ihr, daß er am Tage des Gerichts zu Euch sage: „Hinweg von mir! Ich war unterdrückt, und Ihr seid mir nicht zu Hülfe gekommen; ich war gefesselt, und Ihr habt mich nicht befreit; ich wurde gequält, und Ihr hattet kein Mitleid mit mir; man hat mein Blut vergossen, und Ihr habt es fließen lassen!"

Ohne Zweifel werdet Ihr dann antworten: „Und wann, Herr, haben wir Dich unterdrückt, in der Sclaverei, gequält, blutend gesehen? Aber es wird ihm genügen, Euch zu erwidern: „**Mit den Schwarzen, mit euren Schwarzen** habe ich gelitten, und in ihnen habt Ihr mich verlassen."

Habt Ihr vergessen, Katholiken, was der hl. Paulus uns lehrt: daß wenn ein Glied an dem großen Leibe der Christenheit leidet, alle übrigen mitfühlen müssen? — Ich will nicht glauben, daß solche Gleichgültigkeit im Herzen eines Einzigen aus Euch wohnt, wo es sich um die Leiden, die Knechtschaft und den Tod so vieler Millionen Menschen handelt. Deshalb wende ich mich an Euch, **Ihr habet eine Stimme, erhebet sie wie Donnerschall, bis sie gehört wird. Mitglieder der Presse, dienet als Echos den Klagerufen, die von jenseits des Meeres zu Euch dringen!** Es sind die Stimmen von zwei Millionen Menschen, die jedes Jahr auf afrikanischem Boden zu Grunde gehen!

Das ist Eure Pflicht: aber diese Pflicht, wollet Ihr sie gut erfüllen, darf sich **nicht auf einzelne Anstrengungen** beschränken. Diese Anstrengungen müssen mit **vereinten Kräften** geschehen. Die Regierungen haben sich feierlich verpflichtet, diese heilige Sache zu vertheidigen. Das wird Euch Muth und Vertrauen geben. Wie könnte man annehmen, daß sie nach solchen Versprechungen gegen die Pflichten der Religion und Menschlichkeit fehlen, daß sie Eure Vereinigung zu solchem Zwecke hindern wollten?

Welche praktische Thätigkeit sollet Ihr aber zunächst von der öffentlichen Macht fordern?

Ich habe es anderwärts bereits angedeutet, was sie ohne Mühe thun könnten, wenn sie nur wollen. Ich will es wagen, Jenen, welche in den neuen Gebieten die Autorität ausüben, den Rath meiner bescheidenen, aber langen Erfahrung zu geben. Es ist den Mächten ein Leichtes, die Fortdauer dieses Blutvergießens im Innern von Afrika zu verhindern. Sie dürfen nur jene Maßregel treffen, welche Frankreich in Algier getroffen: d. h. den arabischen Muselmännern und Mestizen im Innern das Recht des Waffentragens entziehen.

Man fragte eines Tages einen muhamedanischen Sclavenjäger, wie er in das Herz Afrikas eindringe, und wer der Beherrscher jenes Landes sei. „Der Souverain von Inner-Afrika", antwortete er, auf sein Gewehr zeigend, „ist das Pulver!"

Niemals hat Jemand eine richtigere Antwort gegeben, und wenn die Beherrscher jener ungeheuren Territorien das nicht begreifen, so werden sie sehen, daß statt ihrer das Barbarenthum dort regiert.

Also man verbiete den Muhamedanern das Waffentragen in einem Staate, wo sie ohnehin nur Fremde sind, denn sie kommen ja von Zanzibar, Egypten, Indien oder Arabien. Man verbanne sie, wenn sie dem Verbote keine Folge leisten, und in kurzer Zeit wird das ganze Innere des europäischen Afrikas von den 300 oder 400 Teufeln — es giebt ihrer nicht mehr in ganz Central-Afrika — befreit sein. Dasselbe sage ich von jenen Negern, die auf den Menschenmord abgerichtet sind und im Dienste der Muhamedaner Blut in Strömen vergießen. Wenn ich eine andere Autorität, als jene des Gebetes, besäße, würde ich das Recht, Waffen zu tragen, überhaupt nur Jenen zuerkennen, die Auftrag oder wenigstens eine formelle obrigkeitliche Genehmigung dazu erhielten. Es ist das ein Grundsatz des öffentlichen Rechtes. In Europa wendet man es sogar gegen Jene an, welche nur auf Vögel Jagd machen, und in Afrika sollte man in trauriger Verirrung dies Gesetz nicht solchen Leuten aufzwingen, welche öffentlich gottlose Menschenjagd treiben?!

Ist das einmal geschehen, so wird es nicht nothwendig sein, zahlreiche Armeen hinzusenden. Will man reguläre Truppen verwenden, so genügen fünfhundert Mann für jedes der von den europäischen Mächten in Besitz genommenen Gebiete. Ihre Aufgabe wird nicht sein müssen, Alles zugleich zu besetzen oder auch nur zu durchstreifen, sondern einfach **Hindernisse**, Barrièren zu errichten an allen jenen Punkten, welche die Sclaven-Karawanen passiren müssen, wenn sie zu den Sclavenmärkten sowohl im Innern wie an den Küsten ziehen. Gordon verlangte nicht mehr Leute, um den Sclavenhandel auf dem Nil unmöglich zu machen; Cameron verlangte nur Hundert, um die Hochebene des Nyassa zu bewachen; ich verlange nicht mehr für den Tanganika-Bezirk. Diese Truppen würden den Auftrag erhalten, das Verbot des Waffentragens zur Geltung zu bringen, sobald ihnen Muhamedaner und Mestizen mit ihrer menschlichen Jagdbeute begegnen, und in kurzer Zeit wäre Afrika der Briganten entledigt.

Wohlverstanden rede ich nicht vom Sudan, wo man sich mitten in muselmännischen Staaten befindet, deren Fürsten den Sclavenhandel sämmtlich für eigene Rechnung betreiben, noch von Aegypten, wo in diesem Augenblicke der Mahdi den Nil und einen Theil der Küste beherrscht. Deutschland ist dort nicht direct interessirt. Ich rede nur vom Herzen Afrikas. Die Völker dort sind Heiden, Muhamedaner sind bisher nur in geringer Anzahl dahin eingedrungen, aber was von ihnen sich dort befindet, sind **wahre Teufel**. Im ganzen Gebiete des Oberen Congo, das sie der gänzlichen Vernichtung weihen, zählen sie im Ganzen **nicht hundert Köpfe**; in dem jenseits des Ugogo belegenen Theile Deutsch-Afrikas nicht das Doppelte; ebenso findet man ihrer nicht mehr als 200 auf der Hochebene der großen Seen und bis zum Nyanza. Es handelt sich also nur darum, **fünfhundert Muselmänner zu entwaffnen** und sie dorthin zurückzutreiben, woher sie gekommen, aber hierbei ist es nothwendig, sich der Worte Cameron's zu erinnern: „Nicht durch Reden und Schriften, wohl aber durch **Thaten** kann Afrika regenerirt werden . . ."

Wenn der Staat also Gewalt anwenden kann, so muß man ihn dazu ermuntern; kann er es aber nicht, so muß man ihm großmüthig den Arm **christlicher Freiwilligen** anbieten. Man hat von religiösen und militärischen Orden geredet, ich selbst sprach davon, aber sie können erst **später** nützen. Eine religiöse Gesellschaft braucht lange Zeit zu ihrer Entwickelung, und wenn man den gegenwärtigen Zustand der Dinge fortdauern läßt, wird Afrika **bald entvölkert** sein.

Wie ich indeß schon bemerkt habe, es sind nicht allein Männer nothwendig, sondern auch Geldmittel, und in dieser Beziehung sollten alle Christen dem Staate zu Hülfe kommen, wie sie das ja für die Missionen, die Werke der Barmherzigkeit u. s. w. thun."

Der Cardinal wünscht zur Inswertsetzung dieser Vorschläge die Bildung eines **Deutschen Anti-Sclaverei-Vereins** und fügt auch die Abschrift der Statuten des in England bestehenden gleichen Vereins an. Dieselben hier zu geben, würde zu weit führen; hat der Verein sich erst gebildet, so wird es den Führern unbenommen sein, für Deutschland passende Statuten zu entwerfen oder den englischen nachzubilden. Eines wollen wir aber von vornherein bemerken: Die Mitgliedschaft darf nicht wie in England an eine bestimmte und hohe jährliche Beitragssumme geknüpft werden, denn auch der weniger Bemittelte muß Theil an dem humanen Werke nehmen können. — Sodann weist der Cardinal darauf hin, daß mit der Unterdrückung des Sclavenhandels der Zweck des Vereins noch nicht vollständig erreicht ist. Der Zweck des Vereins ist nicht nur die Sammlung der nöthigen Summen zur Ausrüstung und Aussendung von Expeditionen, der bleibende Zweck desselben ist, durch Wiederherstellung der jetzt gestörten socialen Ordnung in Innerafrika die Sclaverei für alle Zeit unmöglich zu machen. In Folge der Einfälle der Muhamedaner, der Menschenjagd, der Flucht der Bevölkerung, der Bewassnung ganzer Stämme behufs ihrer Heranziehung zur Sclavenjagd, ist alle frühere Ordnung zerstört, alles schwebt in der Luft. Die frühere Ordnung existirt nicht mehr, und um sie herzustellen, muß der ganze sociale Zustand wieder hergestellt werden. Das ist die Hauptaufgabe der katholischen Anti-Sclaverei-Vereine, sobald dem Blutvergießen und der Vergeudung von Menschenleben Einhalt gethan sein wird durch Anwendung von Gewalt. Nach Vernichtung des Sclavenhandels gilt es, die zerstreuten Heerden wieder zu sammeln, ihnen Zusammenhang, Sicherheit, Vertrauen zu geben, sie zur Arbeit anzuregen. Bereits ist durch eine **deutsche Gründung** in der Nähe des Küstenlandes der Anfang gemacht worden, und diese Weise hat sich schon nach dem Innern weiter verpflanzt. Rings um den Tanganika sieht man jetzt die Heerden der unglücklichen, grausam zerstreuten Bevölkerung aufs Neue sich sammeln, und zwar **um unsere Missionare**. Da ist ein Deutscher, dem der Cardinal ein Ehrenzeugniß ausstellen will. Es ist ein einfacher Bruder aus der Diöcese Würzburg, Namens Hieronymus Baumeister. Seine Einfachheit, Geduld, Geschicklichkeit als Ackerbauer sind ohne Gleichen. Er lehrt die Schwarzen arbeiten, lehrt sie sich Wohnungen bauen, nicht elende Hütten, sondern starke, dauerhafte Häuser aus Stein. Keine Einzelheit entgeht ihm. „Bruder Hieronymus (so schrieb jüngst ein Missionar) ist augenblicklich damit beschäftigt, ein prachtvolles Steinhaus zu bauen. Ein leichter Kaltbewurf wird es schützen vor den Verwüstungen, welche Sturzregen anrichten, die wir sechs Monate im Jahre aushalten müssen. Wir werden das Haus, wenn es Gott gefällt, bald bewohnen können. Der gute Bruder wird gerade zur rechten Zeit nach Kabua gehen können, um unsere dortige Rinderheerde auszunutzen, zehn Kilometer von hier, wo wir eine kleine Ackerbau-Colonie haben. In der Colonie ist ein Katechumene, der alte Saburi, ein früherer Sclave von Minnje-Heri, nebst einigen Wilden...." Wie war diese Ansiedelung gegründet worden? Allmälig sammelten sich die geflohenen Neger wieder um die Missionare und die Ackerbau treibenden Brüder. Jeder Tag führte Schwarze herbei, die aus Erfahrung wußten, daß sie bei den weißen Vätern vor den Sclavenjägern Ruhe haben. So hat sich eine Bevölkerung von mehreren Tausend Seelen an einem Orte gebildet, wo vor zehn Jahren nur eine Einöde war. Gründungen, wie diese, gilt es nun zu vermehren, ebenso Waisen-Anstalten für die verwaisten und verlassenen Kinder anzulegen. Man kann dabei so handeln wie in Tabora am Tanganika, oder wie die Patres und Brüder vom h. Geiste bei ihren ersten Anlagen in Bagamojo vorgegangen sind. „Das wäre", sagt der Cardinal, „in der Hauptsache, nach Unterdrückung des Sclavenhandels, die Krönung des Werkes, wie sie für Deutsch-Ost-Afrika geschehen kann durch den Anti-Sclaverei-Verein, dessen Errichtung ich so herzlich wünsche."

Der ehrwürdige Kirchenfürst richtet zum Schlusse folgenden Appell an das Gefühl der Katholiken:

„Dieses Land, von dem ich eben geredet, dieser Boden Ostafrikas, der mit dem Blute seiner Schwarzen getränkt ist, muß Euch ehrwürdig sein. Es ist in Wahrheit die Erde der Martyrer, und Ihr könnet sie nicht dem Barbarenthum preisgeben. Einundzwanzig katholische Missionare sind dort bereits gefallen. Unter ihnen haben drei ihr Blut auf dem deutschen Plateau des Tanganika vergossen, als sie ein armes Sclavenkind vertheidigten und seinen Räubern entreißen wollten. Ein vierter und, was Ihr ohne Zweifel noch nicht wisset, ein Deutscher, der Bruder Max Blum aus der Diöcese Würzburg, wurde grausam bei Tabora erschlagen, durch dieselben Barbaren, denen er gleichzeitig Licht und Leben bringen wollte. Als Lohn für seinen blutigen Tod hat er das ewige Leben erlangt. Er ruht in jener Erde, von welcher er so im Namen Gottes und des katholischen Deutschlands Besitz ergriff, ehe die Politik sie Euch zuwies. Im Namen dieses bescheidenen, frommen und muthigen

Martyrers bitte ich Euch, Katholiten Deutschlands, dieses Volk, für welches er gestorben ist, nicht den unmenschlichen Grausamkeiten der Sclavenjäger hilflos zu überlassen."

Wie nicht anders zu erwarten war, hat die General=Versammlung in Freiburg den Aufruf des verehrten Kirchenfürsten mit einem lauten, durch ganz Deutschlands Gauen wiederhallenden „Ja!" beantwortet. Wir können es uns nicht versagen, die Verhandlungen hierüber in Kürze wiederzugeben.

Herr Graf von Loë hatte den folgenden Antrag eingebracht:

„Die General=Versammlung nimmt mit besonderer Freude und Dankbarkeit Act von den Bemühungen und Bestrebungen des heiligen Vaters und des Cardinals Lavigerie, dem zur Schande der Menschheit noch in voller Blüthe stehenden Menschenhandel in Central=Afrika ein Ende zu machen. Die General=Versammlung erklärt es für eine Ehrensache der Katholiken Deutschlands, das menschenfreundliche und civilisatorische Werk nach Kräften zu unterstützen. Sie spricht die Hoffnung aus, daß die Regierungen der vertragsmäßig übernommenen Verpflichtung, in den ihrer Herrschaft unterworfenen afrikanischen Colonien den Sclavenhandel zu unterdrücken, im Geiste des Christenthums nachkommen werden, und fordert die Katholiken Deutschlands auf, die dahin gehenden Bemühungen derselben nach Kräften zu unterstützen."

Der Antragsteller weist darauf hin, daß der heilige Vater dem Cardinal Lavigerie bei der Audienz der afrikanischen Katholiken die Anregung zu seinem Vorgehen gegen den Sclavenhandel gegeben habe. Noch betrage die Zahl der jährlich in Afrika verhandelten Sclaven 500 000 und die sechsfache Zahl gehe auf dem Marsch und beim Fang zu Grunde. Schwer sei es, jetzt eine geeignete Form für das Vorgehen zu finden. Pflicht der Katholiken aber sei es, dem Cardinal für sein Vorgehen den innigsten Dank und die Erwartung auszusprechen, daß die Regierungen ihren Verpflichtungen nachkommen.

In Vertheidigung einer so edlen Sache durfte unser hochverehrter Führer Dr. Windthorst nicht fehlen. Seine Worte wirkten zündend in Freiburg und werden überall wirken, wo ein katholisches Herz schlägt.

„Daß man der Sclaverei entgegentreten und daß dieser Schandfleck in unserem angeblich so humanen Zeitalter beseitigt werden muß, darüber kann kein Zweifel sein," sagt er. „In Frage kommen kann nur, ob man sofort zur Bildung eines Vereins gegen die Sclaverei übergehen soll. Eigentlich gehört jeder deutsche Mann von selbst dem Verein an, sonst würde er seine deutsche und namentlich seine christliche Gesinnung verleugnen. Es ist sehr in der Ordnung, daß in dem Antrage auch ein Erinnerungswort an die Regierungen gerichtet wird. Diejenigen Regierungen, welche Flotten haben, wären sehr wohl im Stande, mit kräftiger Hand, mit einem Ruck der Sache ein Ende zu machen. (Lebhafter Beifall.) Ich halte es für ein großes Verdienst des Herrn Cardinals, daß er von Neuem den Blick auf diesen schändlichen Handel gelenkt hat. Ich möchte ihm hier die Bitte aussprechen, daß er an alle Höfe geht, welche durch ihre Flotte der Sache einen directen und scharfen Accent geben können. Wir können uns in dieser Sache selbstverständlich nur an die Katholiken wenden, ich zweifle aber nicht, daß auch alle anderen Deutschen bereit sein werden, diese Bestrebungen zu unterstützen. Es sollte zunächst Aufgabe der gesammten Presse sein, auf diese Bemühungen aufmerksam zu machen; das wäre besser als die überflüssige Erörterung anderer Dinge. Als ich den Antrag zum ersten Male sah, war er mir nicht entschieden genug; nachdem ich ihn nochmals gelesen, bin ich anderer Meinung geworden. Der Antrag ist sachgemäß und der jetzigen Situation durchaus angemessen. Es muß zum Bewußtsein der ganzen Bevölkerung gebracht werden, was hier nachzuholen ist. Wenn der Reichskanzler darauf aufmerksam würde, so würde er gewiß mit gewohnter Energie die Sache in Angriff nehmen und etwas thun, was sämmtlichen Deutschen aus dem Herzen kommt. . . . . . Daß ich das Wort ergriffen, wird man entschuldigen, wenn ich sage, daß ich zwei Adoptivsöhne in Afrika habe, denen man meinen Namen geschenkt hat. . . . . . Jetzt muß es mir also daran liegen, daß auch die anderen afrikanischen jungen Neger Namen von uns bekommen, und ich möchte bitten, daß man den nächsten Knaben Löwenstein nennt."

Der folgende Redner, P. Geyer, der mit zweien seiner schwarzen Zöglinge erschienen war, stellte der Negerrace ein sehr gutes Zeugniß aus.

„Man hat den Neger als bildungsunfähig hingestellt," sagte er. „Das ist falsch. Es giebt unter ihnen sehr talentirte Köpfe. Wir haben mehrere bei uns, die verschiedene europäische Sprachen fließend sprechen und schreiben, und auch einen schwarzen Priester, der Doctor der Theologie ist. Man muß allerdings die Neger nach afrikanischer Art und

Weise erziehen. Die größte Gefahr nicht nur für die schwarze Race, sondern auch für die Missionsthätigkeit ist der Islam, der eine umfangreiche Propaganda betreibt. Die Behandlung der urwüchsigen Neger des Innern ist viel leichter, als die Thätigkeit in den vom Islam eroberten Gegenden. Die Mission, die der Islam übt, wird gekennzeichnet durch die Sclaverei. So lange der Islam existirt, wird auch die Sclaverei existiren. Für ihn ist die Sclaverei ein Stück Religion. Die Muhamedaner sind der Meinung, daß der Neger von Gott selbst zum Verkaufe bestimmt sei. In stundenlangen Gesprächen habe ich angesehene Derwische davon zu überzeugen gesucht, daß der Neger auch eine Seele habe. Selbst die feinen ägyptischen Herren in Kairo, die in Frack und Glacéhandschuhen einher gehen, würden sich nicht scheuen, sofort den Negerhandel zu betreiben. Die Sclaverei in Aegypten ist zwar öffentlich verboten, im Geheimen aber existirt sie noch in großartigem Maßstabe. Den Missionaren allein wird es nicht gelingen, hier durchgreifend zu helfen. Dazu bedarf es des Vorgehens der europäischen Mächte. Wir unsererseits werden mit dem Ruf „Nigritien oder den Tod!" muthig fortarbeiten für die Negerrace. An dem Tage, wo diese der Barbarei, der Sclaverei entrissen sein werden, wird uns die Negerrace mit dem Rufe entgegenkommen: „Seid gegrüßet, Ihr Befreier; alle Freiheit kommt uns vom Christenthum!"

Hülferuf
der afrikanischen Neger an ihre weißen Brüder.*)

Brüder!

Ihr lebet in einem Lande, in welchem die Gerechtigkeit herrscht. Wenn Ihr Abends Euer müdes Haupt zur Ruhe leget, so seid Ihr gewiß, daß Ihr nicht von bewaffneten Banden, von Brandstiftern und Mördern geweckt werdet!

---

*) Vorstehender Hülferuf geht dem Verfasser von einem 20jährigen jungen Neger zu, der als Kind den Arabern in die Hände fiel, dessen Vater und Schwester vor seinen Augen erschlagen, dessen Mutter von ihm getrennt wurde. Nach langen Jahren schrecklicher Leiden, von denen sein Gesicht noch zahlreiche Narben trägt, hatte er das Glück, von einem Missionar angekauft zu werden, und studirt zur Zeit in Lille, um dereinst als Apostel zu seinen Leidensbrüdern zurückzukehren.

Wenn bei Euch irgendwo ein einzelnes Verbrechen begangen wird, so schreitet die Justiz ein, sucht den Schuldigen, zwingt ihn zur Sühne und bestraft ihn nach Gebühr.

So ist es nicht bei uns!

Zerstreut über ein ungeheueres Gebiet, ohne Zusammenhang, ohne Macht und ohne Waffen, sind wir auf Gnade und Ungnade den Menschenjägern ausgeliefert. Die tapfersten unter uns fallen im Kampfe, — sie sind nicht die Bedauernswerthesten!

Stellet Euch einen Augenblick vor, Euer Land würde von Barbarenhorden überschwemmt: während Ihr im Schlafe lieget, würden Eure Wohnungen umringt, mit Flammen umzingelt, nur einen Ausweg ließe man Euch, um dem Feuertode zu entgehen, und an diesem schrecklichen Ausgange erwarteten Euch die Banditen, den Revolver in der Hand! Man entreißt Euch Euer Weib, ergreift mit brutaler Hand Eure unschuldige Tochter, bindet und knebelt Beide, legt Euch selbst trotz verzweifelter Gegenwehr das Joch um den Hals, fesselt Euch mit Stangen an die übrigen Gefangenen und zwingt Euch zu marschiren, rastlos, fast ohne Speise und Trank, nach jenen verfluchten Orten, wo man Mann und Weib und Kinder verkauft wie Thiere. Stellet Euch vor, wie Eure ermordeten Brüder rechts und links vom Wege liegen bleiben, ein Fraß der Schakale und Hyänen, wie ihre bleichenden Knochen buchstäblich den Weg bezeichnen, den spätere Karawanen zu nehmen haben! Und wenn Ihr all' die Schrecken, all' die Mißhandlungen und Entbehrungen der weiten Reise überlebet, wenn Ihr lebend auf dem schrecklichen Menschenmarkte anlanget, was wartet Euer dann? Man reißt die Frau vom Manne, das Kind von der Mutter, und Ihr werdet das Eigenthum, die Sache — Europäer, begreifet Ihr wohl den schrecklichen Sinn dieses Wortes? — Ihr werdet das Eigenthum eines rohen, verthierten Menschen, der nun Rechte auf Euch, Eure Weiber, Söhne und Töchter erwirbt und ausübt, die derart aller Menschlichkeit Hohn sprechen, daß man sie kaum andeuten kann! Welch' ein Martyrium! Welche Herabsetzung der Menschenwürde!

Und wenn Ihr nun in dieser Lage wäret, wie wir in Afrika es sind, und Ihr sähet dann, wie andere Menschen, gleichfalls Eure Brüder, in Ruhe und Frieden der Güter des Lebens genießen, wie sie in Wohlhabenheit und Reichthum leben, wie sie in ihrem Dienste eine Macht haben, welche im Stande wäre, Euch zu erlösen aus diesem Elende, mit welcher Inbrunst würdet Ihr nicht die erhobenen Hände flehend nach ihnen ausstrecken!

Und wenn es möglich wäre — aber da sei Gott vor! —, daß sie taub blieben gegen Euer Flehen, welche Verzweiflung würde nicht Euer Herz ergreifen!

O, christliche Brüder, Ihr gleichet nicht jenen herzlosen Wesen, die gleichgültig zusehen können, wie ihre Brüder unter den gräßlichsten Qualen hingemordet werden, wie ihre Schwestern hinabgestoßen werden in den Sumpf der allerinfamsten moralischen Erniedrigung!

Wir sind Martyrer, Ihr werdet unsere Retter werden!

Gewiß fehlt es nicht an großmüthigen Jünglingen, welche bereit sind, die Menschenjäger zu bekämpfen; aber der Vorkämpfer der Civilisation und des Christenthums in Afrika hat es gesagt: „Es genügt nicht allein, Freiwillige zu haben, **wir bedürfen auch Waffen und Munition, und vor Allem Geld**, ohne welches kein so großes Werk begonnen werden kann.

Was ist denn nothwendig, um uns zu retten?

Der Cardinal Lavigerie hat es laut und deutlich gepredigt, die Blätter haben seine Reden mitgetheilt, und wer sich noch genauer darüber unterrichten will, der findet Ausführliches in der auf Veranlassung des hohen Kirchenfürsten herausgegebenen Broschüre: „**Der Sclavenhandel in Afrika und seine Greuel**" von Humanus.

Dort wird es klar gesagt, das Einzige, was uns retten kann, ist die **Liebesthätigkeit**, die **christliche Wohlthätigkeit**, die Bethätigung der wahren Menschenliebe, die im Glücke auch des verzweifelnden Mitbruders nicht vergißt.

Die geringe Gabe des Armen, ein wenig von dem Ueberfluß des Reichen, das genügt, um Euren Brüdern und Schwestern Leben, Freiheit und Ehre wiederzugeben, ihre Seelen zur Erkenntniß des einen wahren Gottes zu rufen, ihre Körper vor dem Verkaufe oder der Vernichtung zu bewahren!

Deshalb hoffen wir auf Euch, deshalb rufen wir Euch zu: Brüder, es ist die höchste Zeit, gebet ohne Zaudern an's Werk, denn jede Minute Verlust liefert Tausende von uns dem Tode und der Schande aus.

Lasset Euer Herz sprechen. Auch Euer Europa hat nicht immer der Segnungen der Civilisation und des Friedens genossen. Erzeiget Euch dankbar für diese großen Güter, indem Ihr uns helfet, zu werden, was Ihr seid, indem Ihr aus Afrika einen civilisirten Welttheil machet. Auf Euch, auf Europa beruht unsere Hoffnung, von Euch allein erwarten wir unser Heil.

Und die Opfer, welche Ihr für uns bringet, werden nicht verloren sein. Afrika ist ein ungeheuer großes Land, reich an natürlichen Hilfs=mitteln. Seine Bevölkerung ist dicht, wenigstens überall da, wo sie nicht durch die arabischen Teufel, die Lieferanten der Harems, vernichtet wurde. Habt Ihr der Civilisation einmal Eingang verschafft, so wird Eure Industrie einen ausgedehnten und lohnenden Markt bei uns finden. Bande gegenseitigen Interesses werden uns verbinden und die Dank=barkeit, auf welche Ihr ein begründetes Recht haben werdet, wird unserer=seits um so größer sein, je größer die Opfer sind, die Ihr für uns gebracht.

Ein Wort noch, Brüder! Ihr wisset nicht, was es heißt: leiden, wie wir leiden! Ein Tag, ein Augenblick ist für den Martyrer ein Jahrhundert, eine Ewigkeit! Für Viele von uns ist Aufschub gleich=bedeutend mit Entehrung und Tod! O, wir bitten Euch, wir flehen Euch an, verschiebet nicht auf morgen, was heute geschehen kann. Sehet nicht allein die Schwierigkeiten, sehet vor Allem auf das Verdienstliche der guten That und folget den Eingebungen Eures Herzens und den Lehren des Christenthums, welche beide Euch sagen, daß auch der arme verfolgte Neger ein Geschöpf Gottes und Euer Bruder ist.

Namens seiner bedrängten Landsleute:

Farraghit Emmanuel Vienno,
früherer Sclave.

* * *

Damit hätten wir Alles dem Leser vorgeführt, was sich in diesem beschränkten Rahmen zu Gunsten der Neger sagen läßt. Und es ist wahrlich mehr als genug, um ein menschlich fühlendes Herz zu bestim=men, das Seinige zu thun, damit jenen Schandthaten, jenem schrecklichen Elend ein Ende gemacht werde. Die General=Versammlung in Freiburg hat auf den Ruf des hl. Vaters und seines Delegirten im Namen des ganzen katholischen Deutschlands es als eine **Ehrensache** erklärt, das Werk zu unterstützen, und zwar erstens dadurch, daß wir auf unsere Regierung wirken, und zweitens, daß wir Herz und Hand öffnen, um durch freiwillige Gaben die Ausführung und Durchsetzung des Unter=nehmens zu ermöglichen. Der Cardinal ruft uns auf zur Gründung eines großen deutschen Vereins. Das mußte nothwendig der erste Schritt sein. Und er ist geschehen durch die inzwischen vollzogene Gründung des „Afrika-Vereins für die deutschen Katholiken", über den im Nachtrag berichtet wird. Daß dieser Schritt aber einen großen Erfolg erzielt, daß ein jeder deutsche Katholik sich dem neuen Vereine anschließt, daß Herzen und Börsen sich öffnen, dazu soll diese Broschüre, dazu kann auch jeder Leser beitragen, wenn er nach Möglichkeit die Verbreitung dieser Schrift und damit die Kenntniß jener grauenhaften Zustände befördert. Ist doch gerade diese Broschüre vom hochwürdigsten Herrn Erzbischof von Köln, dem Ehrenpräsidenten des Afrika-Vereins, von Excellenz Dr. Windthorst und anderen hohen Herren als sehr wirksam für die Förderung des edlen Zweckes bezeichnet worden.

Und nun, lieber Leser, liebe Leserin, wollen wir noch einmal an das Wort Cameron's erinnern, daß nicht durch Worte, sondern nur durch Thaten Afrika's Bewohner gerettet werden können. Thue also ein Jeder, was ihm sein Herz nahe legt, wozu er sich im Gewissen verpflichtet fühlt, jetzt, wo der Ruf an ihn ergeht, einem deutschen Vereine gegen die afrikanische Sclaverei beizutreten. Dann wird der sehnlichste Wunsch unseres hl. Vaters erfüllt werden, dann werden alle die Anstrengungen des ehrwürdigen Oberhirten von Afrika nicht vergebens gewesen sein, und für Tausende dem Verderben geweihter Mitmenschen wird die Morgenröthe der Freiheit und Civilisation anbrechen. Möge Gott, der durch seinen Stellvertreter das Werk angeregt hat, auch dessen Fortgang segnen und es zum guten Ende führen, denen aber, die dazu helfen, tausendfach vergelten.

Münster i. W., im November 1888.

Humanus.

Cardinal Lavigerie und sein Wirken.

Der eminente Kirchenfürst und Menschenfreund, dessen Name heute in allen fünf Welttheilen widerhallt, ist im Jahre 1825 in Bayonne geboren. In der heiligen Taufe erhielt er die Namen Karl Martial Allemand. Er ist der Sohn eines früheren Zolleinnehmers. Nach brillanten Studien trat er in das große Seminar von St. Sulpice in Paris und empfing dort die hl. Weihen. Dann erhielt er eine Professur der Kirchengeschichte an der Universität der Sorbonne in Paris.

Nachdem 1860 blutige Conflicte zwischen Christen und Muhammedanern in Syrien ausgebrochen, wurde Professor Lavigerie in besonderer Mission dorthin gesandt, wodurch er ins öffentliche Leben und in hohe Beziehungen zum kaiserlichen Hofe trat. 1862 verlieh ihm der Papst auf Vorschlag der Regierung das Bisthum Nancy, um ihn bereits vier Jahre später zum Erzbischof von Algier zu ernennen. Gewiß war es eine höhere Eingebung, welche den Marschall Mac Mahon, damals Gouverneur der Algerie, bewog, ihn dem Kaiser Napoleon für den erledigten erzbischöflichen Sitz vorzuschlagen. Sondirt von dem Marschall, hatte der damalige Bischof von Nancy geantwortet: „Sie schlagen mir eine Mission voller Mühe und Arbeit vor, einen Bischofssitz, der in jeder Beziehung unter dem steht, den ich inne habe, der mich ins Exil schickt und mich zwingt, Alles zu verlassen, was mir theuer ist: Sie glauben, daß ich dort mehr Gutes wirken könnte, als ein Anderer. Ein Bischof, Herr Marschall, kann auf einen solchen Vorschlag nur das Eine erwiedern: ich bin bereit zu dem schmerzlichen Opfer, welches man von mir fordert, und wenn der Kaiser an meine Hingebung appellirt, so werde ich nicht zögern, wie viel es mir auch koste."

Es würde hier zu weit führen, all die großen Schöpfungen des
überaus thätigen und seeleneifrigen Oberhirten aufzuführen. Sehr bald
hatte er er einen Kampf mit dem Marschall Mac Mahon zu bestehen,
der übrigens nach höheren Instructionen handelte. Es handelte sich um
die Vertheidigung des Rechtes, das jeder Bischof, jeder Priester, jeder
Christ mit Recht geltend machen kann, das Evangelium denen zu predigen,
die es nicht kennen, und das Werk Gottes auf der Erde auszubreiten:
er wollte seine Thätigkeit über die Grenzen der französischen Colonieen
hinaus erstrecken, wogegen die Regierung sich Anfangs sträubte. Der
Marschall wurde besiegt, und die katholische Welt spendete dem Bischof
Beifall, der so stolz gezeigt hatte, was es heißt, einen Bischof in der
Ausübung seiner Gewissenspflichten hindern zu wollen.

Dank dem Eifer des neuen Oberhirten wurde die Diöcese von
Algier erneuert: Erziehungshäuser für den Clerus wie für die Jugend
schossen aus der Erde auf, die religiösen Orden blühten auf, die Con-
gregationen der „weißen Väter" und der Missionsschwestern sind seine
eigenste Schöpfung. Neue Pfarreien wurden in großer Zahl gegründet,
und auf den von Lavigerie berufenen Provinzial-Concilen ertönte das
Echo der Traditionen des hl. Cyprian und des hl. Augustinus.

Aber das eigenste und fruchtbarste Werk dieses großen Mannes
war die Begründung der Missionen in den unter dem Aequator liegenden Theilen Afrikas. Es ist dies vor allen anderen ein Werk, das eine
große Zukunft hat. Während die französischen Colonisten der Algerie
in ihrer Gottlosigkeit oder Gleichgültigkeit verharrten, während die
Muhamedaner in ihrem Fanatismus versteckt blieben, hörten die armen
Schwarzen auf das Wort der weißen Väter, welche den Weg durch die
ungeheuren Wüsten nicht scheuen und allen Gefahren trotzen, um ihnen
das Reich Christi zu verkündigen. Wer ist nicht gerührt von dem
Schauspiele jener feierlichen Audienz gelegentlich des Papst-Jubiläums,
in welcher der Cardinal dem Jubilar auf St. Petri Stuhle seine ersten
Neger aus dem Centrum Afrikas vorstellte? Eben war die Encyklika
des Papstes gegen den Sclavenhandel erschienen und der Cardinal machte
sich zum Dolmetscher der Gefühle seiner Neger, um ihren Dank auszudrücken für die große Wohlthat, daß sie durch Hülfe der Missionare
aus ihren Banden befreit wurden, während leider noch hundert Millionen
ihrer Stammesgenossen dieser Erlösung harren. Leo XIII. erwähnte seines
Aufrufs an die Mächte und an Alle, die im Stande sind, etwas zur Befreiung der Neger zu thun: er empfahl den Missionaren, alle ihre Kräfte,

ja ihr Leben dafür einzusetzen und so viel Sclaven loszukaufen, als
nur eben möglich. „Aber ganz besonders," fuhren Se. Heiligkeit fort,
„zählen Wir auf Sie, Herr Cardinal. Wir kennen Ihren thätigen und
verständigen Eifer: Wir wissen, was Sie bis zu diesem Tage geleistet
haben und haben das Vertrauen, daß Sie nicht eher nachlassen werden,
als bis Sie Ihre großen Unternehmungen zum guten Ende geführt haben."

1880 wurde Tunis mit den französischen Besitzungen vereinigt
und der Metropolitansitz von Karthago wieder hergestellt. Die Kirche
hat von Neuem ihre Hand auf jenen Boden gelegt, der ihr gehörte und
und nur durch brutale Gewalt entrissen ward. 1882 bereits begrüßte
Afrika seinen ersten Cardinal. 1886 boten die afrikanischen Missionen
dem Himmel die Erstlingsfrüchte ihrer Arbeit dar und die katholische
Welt erfuhr mit Freude und Erstaunen, daß die Negerstämme von
Uganda Blutzeugen aufzuweisen hätten, welche durch die Freudigkeit, mit
welcher sie für ihren Glauben Marter und Tod erduldeten, den Mär=
tyrern der ersten christlichen Epoche an die Seite gestellt werden können.

Das ist ein kurzes und nur sehr schwaches Bild von dem Wirken dieses
Mannes, der in Wahrheit den Ehrentitel eines Apostels Afrikas verdient.
Aber auch er hat es erfahren müssen, verkannt, angefeindet und gehemmt
zu werden, und gerade von jener Seite, auf welcher man allen Grund
hätte, ihm zu danken und ihn zu unterstützen. In Frankreich ist es
sprüchwörtlich, daß dieser Bischof mehr zur Ehre und für den Einfluß
seines Vaterlandes geleistet hat, als ganze Armee=Corps. Und was war
der Lohn? Kürzung seines ohnehin mageren Einkommens, Streichung
und Reducirung der Staatszuschüsse für seine Pflanzschulen des Clerus,
wodurch er veranlaßt wurde, sich an die Mildthätigkeit zu wenden, um
das begonnene Werk fortsetzen zu können. Die herrschende ungläubige
priesterhassende Partei giebt leichten Herzens ungezählte Millionen für
den Bau des babylonischen Thurmes auf der nächsten Weltausstellung, sie
verweigert einige hunderttausend Francs dem Manne, dessen Name allein
das Prestige seiner Nation auf dem schwarzen Continent aufrecht erhält.

Bis heute hat Cardinal Lavigerie mit Ruhm und Erfolg für
unsere hl. Kirche und seine Nation gearbeitet. Sein neuestes Werk be=
wegt sich in einem weiteren Rahmen: es gilt der allgemeinen Menschlichkeit,
der Erhaltung von Nationen, die noch keiner Macht unterthan sind, er
arbeitet im Interesse aller civilisirten Völker, die auf Afrika Anspruch
machen: darum hat er ein Recht, über die Grenzen Frankreichs
hinaus seine Stimme zu erheben und zur Mitarbeiterschaft Alle aufzu=

rufen, die noch ein fühlendes Herz in der Brust tragen und Sinn für Gerechtigkeit haben. Die Worte Lavigerie's, welche wir in diesen Blättern niedergelegt haben, sind kaum eine Andeutung von dem wirklichen schrecklichen Zustande der Dinge. Aber sie erwecken auch die Hoffnung, ja, sie gewähren die Sicherheit, daß Abhülfe noch möglich ist. Es ist vielleicht das letzte, aber sicher auch das schönste Werk, welches zu unternehmen dem edlen Manne vergönnt war, wünschen wir ihm, daß es nicht das erste sein möge, welches ihm mißlingt. An ihm liegt es sicher nicht, wenn dieses zur Schmach unseres Jahrhunderts eintreten sollte. Unermüdlich arbeitet er, unverrückt das große Ziel im Auge haltend, obwohl er gerade in diesem humanen Bestreben vielfachen Anfeindungen ausgesetzt ist. Auf den folgenden Seiten bringen wir ein Lob des ehrwürdigen Kirchenfürsten aus dem Munde Leo XIII., wie es schöner nicht gedacht werden kann. Bereits gründen sich auf den Ruf des Cardinals Vereine in Frankreich, Belgien, Deutschland, England, Spanien; Portugal und Italien werden nicht zurückbleiben, und wenn so die christliche Liebe mit vereinten Kräften arbeitet, so ist die friedliche Eroberung Afrikas für die Civilisation und das Christenthum gesichert. Und das wird des Bischofs schönster und wohlverdienter Lohn sein.

Nachtrag.

Als wir uns entschlossen, vorstehende Blätter in die Welt zu schicken, geschah es in der Absicht, das Werk der Befreiung der Neger auch in Deutschland populär zu machen und die Bildung eines deutschen Anti=Sclaverei=Vereins vorzubereiten. Verschiedene Momente sind uns dabei inzwischen zu Hülfe gekommen. Vor Allem sind es die Menschenjäger selbst, die durch die Ermordung des englischen Majors Barttelot und dann durch den Aufstand in den deutschen Schutzgebieten, bei welchem so viele Deutschen umgekommen sind, die Aufmerksamkeit Europas und besonders Deutschlands in erhöhtem Maße auf sich zogen. Die Folge davon war, daß ernsthafte Unterhandlungen, zunächst zwischen Deutschland und England, angeknüpft wurden, um ein gemeinsames Vorgehen zu ermöglichen.

Im deutschen Volke ist der Gedanke, mit Gewalt die deutschen Rechte in Afrika zu wahren und den schändlichen Räubern das Handwerk zu legen, bereits kräftig geworden, und steht zu erwarten, daß sich Regierung und Volk in diesem Streben die Hand reichen werden. Die kürzlich im großen Gürzenich=Saale in Köln stattgehabte Versammlung von rheinischen Männern aller Confessionen, aller Lebensstellungen, aller Parteien hat eine erfreuliche Einmüthigkeit bekundet und in lobenswerther Entschiedenheit sich direct an die rechte Schmiede gewandt.

Doch davon später. Ehe wir über jene Versammlung berichten, wollen wir einer dem Datum nach älteren Kundgebung des Papstes hier Raum geben.

Es war Leo XIII. nicht genug, das große Werk angeregt zu haben, er wollte auch durch die That beweisen, wie sehr ihm das Elend seiner schwarzen Kinder nahe geht, und gleichzeitig der Welt, besonders den von Gott mit Glücksgütern Gesegneten ein nachahmenswerthes Beispiel geben. Als Beleg für diese erhabenen und menschenfreundlichen Gefühle setzen wir hierher das

Schreiben des hl. Vaters an den Cardinal Lavigerie.

Unserm geliebten Sohne Charles Martial Lavigerie, der hl. römischen Kirche Cardinal=Presbyter, Erzbischof von Carthago und Algier, Papst Leo XIII.

Geliebtester Sohn, Gruß und Apostolischen Segen!

Ein großes und schwieriges Werk haben Wir, von Liebe gedrängt, dir aufgetragen: daß du nämlich alles, was in deiner Macht steht, treulich aufbieten mögest, um die Knechtschaft so vieler unglücklichen Menschen in Afrika zu verhüten. Diese Aufgabe hast du so bereitwillig übernommen, daß dein hoher Sinn, wo es sich um das Wohl der Menschen handelt, klar zu Tage tritt. Jetzt aber haben Wir aus deinen Briefen ersehen, daß du täglich freudiger und eifriger in dieser Angelegen=

heit wirst, so daß du auch die größten Mühen nicht zu scheuen, sie sogar zu suchen und herauszufordern scheinst: da können Wir nicht umhin, durch dieses Schreiben dir zu bezeugen, wie sehr Uns diese deine Bemühungen wohlgefallen, bei deren Förderung die Bischöfe, wie Wir zu Unserer Freude erfahren, dir rüstig zur Seite stehen. Wir wünschen und erflehen dir jenen Erfolg, welchen eine so edele und und gute Sache verdient.

Auch erwecken die Anfänge in Uns, wenn es Gott gefällt, gute Hoffnung für den weiteren Verlauf. Denn die Fürsten Europas stimmen darin überein, kräftig müsse einem so ungeheuren Uebel entgegen getreten werden, wie sie 1878 auf der Berliner Conferenz versprochen haben. Bei zahllosen Privatleuten aber hast du Mitleid erregt, durch Schrift und Wort, und zwar, wie dem Schreiben bestätigt, nicht blos bei der edlen Nation deiner Mitbürger, sondern auch bei den Belgiern, die schon von Natur so bereit sind, fremdes Unglück zu lindern; dann bei den Engländern, die schon seit langer Zeit sich große Verdienste um die Negersclaven erworben haben, und nicht minder bei den deutschen Katholiken, von deren Liebe Wir, wie auch bei den Portugiesen, mit Recht das Größte erwarten. Zudem zweifeln Wir nicht, daß mit gleicher Bereitwilligkeit Italiener und Spanier das Werk begünstigen und unterstützen werden. Wenn einmal die Kenntniß der so unwürdigen und abscheulichen afrikanischen Sclaverei durchgedrungen ist, wenn die Geister geweckt worden sind, um Heilmittel zu suchen, wenn entflammt worden ist das Gefühl der Menschlichkeit und christlichen Liebe, dann dürfen wir erwarten, daß dem Maße von Wohlwollen, welches dir bis jetzt in Europa zu Theil wurde, auch in Zukunft das Maß der praktischen Arbeit und der Freigebigkeit entsprechen werde.

Deßhalb wollen Wir dich nicht ermahnen — denn der Ermahnung bedarf ein so thatkräftiges Vorgehen nicht — sondern vielmehr dir Glück wünschen, daß du in diesem Geiste und mit dieser Standhaftigkeit, unter Gottes Hülfe, dein Beginnen fortsetzest. Gewiß kannst du deine bischöfliche Liebe nicht besser bekunden, noch durch irgend eine Thätigkeit dich mehr um die christliche Sache verdient machen. Denn nicht weniger durch christliches wie durch menschliches Recht ist aller Menschen Freiheit in gleicher Weise geheiligt. Wenn Einige die Kirche beschuldigen, sie habe sich zu irgend einer Zeit der Sclaverei günstig gezeigt oder für deren Beseitigung nicht genügend gewirkt, so zeigen sie Undankbarkeit und auch Unkenntniß der Thatsachen, da die Geschichte auf's klarste davon spricht, was zu diesem Zwecke apostolische Männer in Afrika selbst und was von Rom aus, der Hauptstadt der katholischen Welt, die Päpste geleistet haben.

Du sollst nicht im Zweifel bleiben, daß Wir deine Absichten und deinen Eifer in jeder Uns möglichen Weise unterstützen wollen. Als Unterpfand dieses Unseres Willens weisen Wir dir 300 000 Lire (240 000 Mark) an; gern bestimmen Wir diese Summe für dich, damit du dieselbe nach deinem Ermessen an die Vereine bezw. Comité's zur Abschaffung der Sclaverei in Afrika vertheilen magst. Nichts kann Uns wahrlich erwünschter sein, als diesen so unmenschlich gequälten Menschen zu helfen; auch wird es die Katholiken aller Völker, deren großartige Freigebigkeit Wir namentlich in diesem Jahre kennen gelernt haben, freuen, zu hören, daß die Früchte ihrer Freigebigkeit auch dazu verwandt werden, diese grausigen Unthaten zu bekämpfen und die Menschenwürde bei so vielen Unserer Brüder zu wahren.

Sei getrost, geliebter Sohn, und setze alle Hoffnung auf Gott, den Vater und Erhalter aller Menschen. Als Unterpfand Seiner Gnade und als Beweis Unseres väterlichen Wohlwollens ertheilen Wir gern dir, deiner Geistlichkeit und deinem gesammten Volke im Herrn den Apostolischen Segen.

Gegeben zu Rom bei St. Peter am 17. October 1888, im elften Jahre Unseres Pontifikates. **Papst Leo XIII.**

* * *

Wir brauchen solchen edlen Worten wohl nichts hinzuzufügen. Jeder Katholik versteht diese Sprache und weiß, was sie für ihn bedeutet. Der Papst und die Kirche haben das Ihrige in reichem Maße gethan, jetzt ist es an den Regierungen und an den Völkern, besonders an uns Katholiken, auch das Unsrige zu thun.

Kommen wir nun zu der ersten großen **deutschen Kundgebung** in Sachen der Sclaverei, zu der

Anti-Sclaverei-Versammlung in Köln
(vom 27. October).

Auf die Einladung von 120 hochangesehenen Herren aus dem Rheinlande, unter denen eine Reihe von geistlichen und weltlichen Würdenträgern, sowie Mitglieder des hohen Adels, des Reichstages und Landtages, hatte sich eine überaus zahlreiche Versammlung im Großen Gürzenich=Saale eingefunden. Galt es doch, gegen einen Schandfleck der menschlichen Gesellschaft, gegen die Sclaverei im Innern Afrikas, Protest zu erheben. Se. erzbischöfliche Gnaden Dr. Philippus Krementz, Oberpräsident v. Bardeleben, General=Superintendent Dr. Baur, der Gouverneur von Köln und viele Notabilitäten der Provinz und der Stadt Köln selbst hatten auf der Tribüne Platz genommen, während die Galerien ein reicher Damenflor zierte.

Herr Geh. Rath Langen eröffnete die Versammlung und übertrug den Vorsitz dem Oberstaatsanwalt Hamm, der in kurzen Worten den Zweck der Versammlung dahin kennzeichnete: daß für die heilige Sache des Christenthums und der Civilisation gegen die Greuel der Sclaverei bei dem deutschen Volke Sympathie erregt werden müsse, und daß zugleich auch der Regierung nahegelegt werden solle, auf Mittel zu sinnen, wie jenem Greuel gesteuert werden könne? Die großartige Versammlung, sagt der Redner, die Zusammensetzung derselben aus Angehörigen beider Confessionen und aller Parteien beweist, wie mächtig in uns das Bewußtsein lebt, den Greueln in Afrika nicht mehr müßig zuschauen zu können, daß wir vielmehr kräftig handeln müssen, um dem Sclavenhandel endlich ein Ende zu machen. Indem Deutschland an den Colonialunternehmungen Theil nahm, hat es auch die Aufgabe übernommen, die Civilisation und das Christenthum in seinen Colonien zu fördern. Wenn jetzt Jägerbanden Afrika durchziehen, um menschliche Wesen einzufangen und zu Sclaven zu machen, so dürfen wir dem nicht mehr müßig zusehen. Es ist **unser Land**, von denen die Banden ausziehen; es sind die **eigenen Wangen unseres Landes**, auf denen dieser Schandfleck brennt. Dies mit aller Entschiedenheit und Wärme festzustellen, ist der Zweck unserer heutigen Versammlung.

Die Macht der Staaten, nicht nur des deutschen Staates, muß eingreifen, um jene Greuel zu unterdrücken. Daher unser Appell an die deutsche Reichsregierung. Welche Mittel zu jenem Zwecke erforderlich sind, damit wollen wir uns nicht befassen, sondern dies der Regierung überlassen. Aber erklären wollen wir hier offen, daß, was geschieht zu diesem Zwecke, von der Zustimmung des ganzen deutschen Volkes getragen ist. Möge also Deutschland vorangehen als Vorkämpfer der Menschheit, der Civilisation und des Christenthums.

Lauter Beifall begleitete die Worte des Redners, der Jedem aus dem Herzen gesprochen hatte.

An Stelle des verhinderten Herrn Dompropstes Dr. Berlage nahm nun Herr Hespers, Religionslehrer am Realgymnasium zu Köln, das Wort, um in beredter Weise und ergreifenden Bildern die Zustände in Afrika auszumalen. Ich kann, so führte Redner aus, hier nur in großen Zügen das Elend schildern, welches ganz Afrika erfüllt, nur in Umrissen die Scheußlichkeiten und Schandthaten mittheilen, welche den Boden des dunkeln Continents mit Blut und Thränen benetzen. Nur ein schwaches Echo des Jammers kann es sein, welches aus Afrika zu uns um Hülfe ruft. Aber ich hoffe, daß dieses Echo genügen wird, auch bei Ihnen das Mitleid zu erwecken, auf daß Sie beitragen zur Unterdrückung des Uebels im Interesse der Cultur, des Christenthums und der Ehre des deutschen Vaterlandes. Afrika war von jeher das Land der Knechtschaft, der Sclaverei, welche durch den Islam nur gefördert wurde. Die Araber unterscheiden zwei Menschen= classen, ihre eigene als die herrschende, und die Neger=Race, welche sie als Lastthiere betrachten. Ein neues Verhängniß brachte die Entdeckung Amerikas; denn von nun an wurden Hunderttausende gefangener Sclaven aus Afrika nach Amerika, besonders nach Westindien ausgeführt, um dort zum Anbau der Plantagen zu dienen. Dank der lauten Entrüstung, welche sich ob dieses Sclavenhandels in ganz Europa und auch in Amerika erhob, wurde die Sclaverei im Jahre 1865 in Amerika abgeschafft, und damit war die Sclavenausfuhr dahin lahmgelegt. England that in seinen Colonien den ersten entscheidenden Schritt, dem allmählich die andern Staaten, zu= letzt Brasilien, folgten. Fünfzig Jahre hindurch hat England unter großen Opfern seine Bemühungen fortgesetzt, die Sclavenausfuhr aus Afrika zu hindern. Für die westliche Küste Afrikas, welche den Ausgangspunkt für die amerikanischen Sclaven= händler war, ist dieses Ziel erreicht, nicht aber für die Ostküste. Sehr alt ist der Verkehr dieser Küste mit Arabien: schon seit Jahrhunderten erwarben arabische Fürsten an dieser Küste Besitzungen; 1784 wurde die Insel Zanzibar vom Sultan von Masrät erobert. Dadurch ist das arabische Element in Ostafrika zu bedeutender Geltung und der Sclavenhandel zu großer Blüthe gekommen. Zwar wurde der letztere durch einen Vertrag Englands mit dem Sultan von Zanzibar verboten und englische Kriegsschiffe überwachen die Küste. Trotzdem dauert der Handel fort. Die arabischen Händler, zum Theil reine Araber von weißer Hautfarbe, größten= theils aber Mischlinge von Arabern und Negern, haben in den letzten Jahrzehnten ihre Handelsunternehmungen ausgedehnt vom Vittoria=Nyanza bis zum Zambesi, von der Suaheliküste bis zum Quellgebiete des Lualaba=Congo. Da in der letzten Zeit der Handel mit Elfenbein nachgelassen hat, beschäftigt sich diese Menschenclasse vorwiegend mit dem Sclavenhandel. Die Missionare vom Tanganika schreiben, daß fast kein Tag vorübergeht, an welchem nicht Karawanen solcher Unglücklichen, namentlich Frauen und Kinder, vorübergetrieben werden. Diese werden dann entweder auf den Märkten im Innern verkauft oder zur Küste gebracht, um dort heimlich eingeschifft zu werden.

An der ostafrikanischen Küste sind in der letzten Zeit über 100 000 Sclaven ausgeführt worden. Wenn das sogar an dieser stark bewachten Küste möglich ist, um wie viel schlimmer mag es da im Innern bestellt sein. Thatsächlich ist es jetzt nur eine Frage der Zeit, daß die Sclavenhändler im Sudan und in Ostafrika sich die Hände reichen, wenn es nicht gelingt, das Reich Emin Paschas als Bollwerk gegen diese Vereinigung aufrecht zu halten. Wenn dies nicht gelingt, wird alle bisherige Culturarbeit in Afrika verloren sein. Afrika vergießt sein Blut aus allen Poren. Seit etwa 50 Jahren sind viele Millionen Menschen durch den Sclavenhandel, namentlich durch die Sclavenjagden und -Transporte untergegangen. Man rechnet auf jeden verkauften Sklaven 5 bis 6, ja auch 10 Todte, welche den Grausamkeiten der Jagden und den Strapazen des Transportes unterliegen. Die Forschungsreisenden aller Nationen, welche Afrika zum Ziel ihrer Forschungen gemacht haben, stimmen überein in der grauenvollen Schilderung des Menschenhandels. Redner citirt zum Belege hierfür Berichte der Forschungsreisenden Livingstone, Cameron, Stanley, Jos. Thomson, Nachtigal, sowie des Cardinals Lavigerie und mehrerer Missionare, wie sie in der Humanus-Broschüre enthalten sind. Aus allen diesen Berichten kommt derselbe Hülferuf an das christliche Abendland.

Nachdem Leo XIII. in seiner feierlichen Encyklika das Mitleid der katholischen Welt auf die Greuel hingelenkt und die Völker ermahnt, das Völkerrecht heilig zu halten und mit allen Kräften auf die Vernichtung des gräßlichen Sclavenhandels zu wirken, ist der edle Cardinal Lavigerie aus Karthago gekommen, um ganz Europa für die Sache zu entflammen. In Paris, Brüssel und London hat er seine beredte Stimme gegen den Sclavenhandel in Afrika erhoben, und auch die in Freiburg tagende Katholiken-Versammlung Deutschlands hat er in einem Schreiben zur Unterstützung der Bewegung aufgefordert. Auch die Evangelische Allianz in Berlin unter Leitung des Herrn Missionsdirectors Dr. Fabri hat sich der Bewegung angeschlossen. So ist diese Bewegung in alle Länder und Kreise getragen, welche an der Erreichung des Zieles mitwirken müssen. In Afrika kommen nämlich hauptsächlich drei Gebiete in Betracht, welche zu schützen sind: 1) das Gebiet des oberen Congo und seiner Nebenflüsse, unter belgischer Oberherrschaft; 2) das Gebiet der großen äquatorialen Seen in Ostafrika, abhängig von Deutschland, England und Portugal; 3) die südwestlichen Länder des Sudan am oberen Nil. Der größte Theil dieser Länder gehört zum sog. Freihandelsgebiete, welches auf der Berliner Conferenz 1884 festgestellt wurde. Die Generalakte der Conferenz giebt unter andern Zwecken auch an: Fürsorge für die Steigerung der moralischen und materiellen Wohlfahrt der eingeborenen Völkerschaften. Dem entsprechend wird in Artikel 6 und 9 der Congoacte ausdrücklich der Sclavenhandel verboten, den Händlern Strafe angedroht, Freiheit und Schutz allen Eingeborenen jener Länder gewährleistet. Daß trotz dieser Bestimmungen der Sclavenhandel gerade in jenen Gebieten in letzter Zeit noch schlimmer geworden ist, daraus kann man den Re=

gierungen keinen Vorwurf machen. Die Besitzverhältnisse sind so wenig gesestigt, die Entfernungen so groß, vor Allem aber zur Handhabung jener Bestimmungen so viel Mittel erforderlich, daß die Regierungen nicht leichten Herzens zu einem Entschlusse kommen können. Wir aber wollen wenigstens keinen Zweifel darüber lassen, daß wir alle Bestrebungen der Regierung in diesem Sinne freudig unterstützen, und gern die Mittel bewilligen, welche sie für erforderlich erachtet. (Lebhaftes Bravo!) Wir sind dies unserer vaterländischen Ehre schuldig, zunächst mit Rücksicht auf unsere Forscher, welche ihre Wissenschaft und ihre ganze Lebenskraft eingesetzt haben, jene Gebiete uns zu erschließen. Wir sind dies aber auch schuldig gegenüber unseren Rechten, die wir Deutschen in Afrika haben. Auf Grund dieser Rechte, welche wir auf afrikanisches Gebiet beanspruchen, ist es unsere Pflicht, dafür zu sorgen, daß, soweit die deutsche Flagge weht, die Sclaverei unterdrückt werde. Ebenso fordert das Gesetz der Menschlichkeit, der Civilisation und des Christenthums, dem aus tausend Wunden blutenden Continent zu Hülfe zu kommen; mit welchen Mitteln, das zu untersuchen, wollen wir der Regierung überlassen. Cardinal Lavigerie erklärt, daß nur Waffenmacht im Stande sei, dem Sclavenhandel wirksam entgegenzutreten. Dieser kriegerischen Thätigkeit muß aber jedenfalls die friedliche Arbeit der Missionare zur Seite stehen. Zu den Arbeiten beider Art sind aber erhebliche Mittel erforderlich. Gehen wir den Culturstaaten voran in thatkräftigem Handeln, dann, zweifeln wir nicht, wird das Kreuz, welches die Sclaverei des Alterthums überwunden, auch diese Völker in sein Reich berufen. Dann wird die Sonne des Christenthums auch diese Schatten der Finsterniß verscheuchen, und der Sclavenhandel für immer von der Welt verschwinden. (Allseitiger, stürmischer Beifall.)

Lebhaft begrüßt, betritt nun Premierlieutenant Wißmann, der bekanntlich Afrika zweimal durchreiste, die Tribüne. Ich hatte Gelegenheit gehabt, erzählte er, in Ländern, die ich schon vor Jahren kennen gelernt, zu studiren, in welcher Weise sich der Araber ein neues Gebiet eröffnet, und dieses will ich Ihnen an einem Beispiel zeigen, von dem ich glaube, daß dasselbe Ihnen das Vorgehen und die Ursachen hierzu an den Grenzen des Araberthums am besten erklären wird. Die Araber dringen nämlich hauptsächlich nach den an Elfenbein reichen Ländern. Wenden wir uns nun zum Hauptlande der Araber, begleiten Sie mich, meine Herren, zu diesem Zwecke weit in das Innere Central-Afrikas. Wir gehen von Westen aus und kommen in die Gegend, wo der Eingeborene, noch unbekannt mit den Producten Europas, eine ganz eigenthümliche Entwickelung zeigt, wo er noch frisch und unberührt war von den Einflüssen von Westen und von Osten. Wir müssen den Sankuru überschreiten, einen Fluß, der durch Pogge und mich bekannt wurde. Wir steigen herab von den Hängen eines Plateaus und finden vor uns eine Gegend, die eine weite Savannah bildet, aber vielfach von Bächen durchschnitten wird, deren Ufer mit einem üppigen Urwald bewachsen sind; langgestreckt ziehen sich die Grasrücken dahin, auf den Kronen dieser Höhenzüge gewahren wir Riesenschlangen ähnlich sich hin erstreckende dunkle Palmenwälder, in deren Schatten sich ein Teil des Volkes der Bene Ki angebaut hat, wo sie ihre Dörfer oder vielmehr Städte angelegt haben. Die mächtigen Stämme der Palmen belehren den Afrikakenner, daß die Einwohner hier lange Jahrzehnte ohne Krieg und Raub gesessen haben. Wir langen in dem ersten Dorfe an, welches uns durch seine Palmen einladend grüßt, es gehört dem Stamme der Bagua Pesihi. Es ist ein Januartag des Jahres 1882. Früh am Morgen brechen wir auf; ich voraus; mir folgt unsere zweihundert Menschen starke Karawane, unter denen sechszig Weiber und Kinder sind und nur sechszig mit Gewehren bewaffnete Neger. Geschlossen wird der Zug von Pogge als dem ältern, denn der Schluß des Zuges ist, als seine Deckung, der wichtigste Punkt. Wir treten nun in den Schatten der Palmen. Zur Rechten und Linken öffnen sich Nischen, drei bis vier reinlich und schön aufgeführte Häuser liegen auf einem reinlich gehaltenen Platz. Die Räume zu den einzelnen Gehöften werden ausgefüllt von gut gehaltenen Gärten, in denen Tabak, Ananas, Kürbisse und viele Gemüsearten gezogen werden; dahinter schließt sich an ein Wald von Bananen und Platanen. Hinter diesen finden wir die Felder, die sich der Länge nach von der Hütte aus in schmalen Streifen zur Schlucht des Waldes hinabziehen. Diese Felder, auf denen man Mais, Hülsenfrüchte und eine Art Kartoffeln in großen Mengen baut, sind von einander getrennt durch Wege, die kammartig von der Rücklinie der Höhe hinabreichen zum Wasser und die zum Wasserholen dienen. Es ist heute ein ganz besonders wichtiger Tag für die Eingeborenen. Zwei weiße Menschen mit langen straffen Haaren erscheinen; sie sind gekleidet in eine Menge von Stoff und reiten auf einem Stier. Sie kommen von Sonnenuntergang her, von wo noch nie ein Fremder in ihr Land gedrungen war, von Osten her war es schon häufiger der Fall gewesen. Es sind Brua Kalunga, Söhne des Geistes, die aus dem Wasser kommen sollen, und was das Wunderbarste ist, sie sollen gute Menschen sein trotz ihrer Waffen, sie sollen sogar das, was sie brauchen und kaufen, bezahlen, und nicht plündern und rauben. Dieser Ruf war uns vorausgedrungen, er war ihnen bekannt geworden und uns wurde ein Empfang zu Theil, der uns zeigte, wie man diese Völker hätte leiten können, wenn sie nicht von vornherein in andere Bahnen gelenkt worden wären. Alles steht vor den Hütten, um die wunderlichen Ankömmlinge zu beobachten und sie anzustaunen. Die Männer bis an die Zähne bewaffnet, die Weiber ängstlich an sie gedrückt, voller Staunen, die Hand vor den geöffneten Mund gelegt, die Kinder aus einer schmalen Ritze der Thür die wundersamen Wesen anstarrend. So zogen wir von 4 Uhr Morgens bis Mittags 11 Uhr, ununterbrochen angestarrt von Tausenden und aber Tausenden, durch die Menschen. Wie ich mich umsehe und dahinten unsere kleine Karawane, verschwindend in dieser Menschenmasse, mit großer Besorgniß beobachte, entschließe ich mich, den Eingeborenen mit freundlicher Miene „uta pasch, la wita!" (d. h. legt die Waffen nieder, wir wollen keinen Krieg) immer und immer wieder zuzurufen, und so gelang es uns, die letzte Spur von Mißtrauen zu beseitigen. Um 11 Uhr verließen wir diese Stadt und marschirten in östlicher Richtung weiter, die Stadt selbst dehnte sich aber mindestens noch einen Kilometer weit nach Südosten aus. In der Nähe errichteten wir unser Lager, das aber bald von 4—5000 Menschen überfüllt war, so daß ein Verkehr zwischen uns und unsern Leuten zur Unmöglichkeit wurde. Unermeßliche Lebensmittel wurden uns zugeführt gegen den Stoff von einer Elle Calico. Dieser Stadt entstammen auch die jetzt in Berlin in der Ethnographischen Sammlung ausgestellten, von mir überbrachten Sachen. Am nächsten Morgen gingen wir weiter, begleitet von Hunderten unserer neuen Freunde, die uns singend und jubelnd noch eine weite Strecke das Geleite gaben und denen wir ein gutes Angedenken hinterließen. — Machen wir jetzt eine

Pause von vier Jahren. Begleiten Sie mich abermals nach diesem Zeitraume in das Innerste Central=Afrikas. Ich versuchte dieselbe Gegend weiter nördlich zu durchqueren, um den directen Weg nach der von mir gegründeten Station Nyangwe zu finden. Wie sind wir erstaunt, die herrlichen Urwälder jetzt so schwach bevölkert zu finden, von den Bewohnern finden wir nur traurige Ueberreste. Hunger und Mühsale zwangen mich, nach Süden auszubiegen, um meine Begleiter zu entschädigen für die Entbehrungen und Strapazen der letzten Märsche. Wir erreichten abermals jene Höhen, die im Nordwesten das Land der Bene Ki begrenzen, und mit Jubel begrüßten wir die alten Palmenhaine, in denen unsere bekannten Freunde hausten. Als wir uns den Dörfern näherten, wunderten wir uns, daß diese alten Freunde uns nicht mit Jubel empfingen, daß kein fröhliches Lachen uns entgegenschallte. Wir traten ein in den tiefen Schatten der mächtigen Palmen und sahen rechts und links jene Nischen, in denen einst die Gehöfte unserer Freunde standen. Hohes Gras hatte alles überwuchert, was uns damals erfreute. Die Vegetation war vernichtet und alles verwüstet. Wie uns von einigen Flüchtlingen erzählt wurde, waren Leute in langen weißen Hemden, mit Tüchern um das Haupt gewunden, hier gewesen, der Häuptling sei Tupa Tupa, Mutschipula oder Tippu Tip genannt worden; er sei zuerst gekommen, um zu handeln, habe dann die Weiber geraubt und weggeführt, was sich widersetzt hatte, wurde niedergeworfen oder niedergeschossen, und die größere Mehrzahl der Eingeborenen hatte sich geflüchtet in die Urwälder und Schluchten. Die Araber waren an dem Orte geblieben mit ihren mächtigen Horden, so lange noch Aussicht war, Sclavenflüchtlinge in den Wäldern zu hetzen und schließlich einzufangen; was sie nicht hatten mitnehmen können, war niedergeschlagen oder verbrannt, mit Einem Worte, alles war von ihnen vernichtet worden. Dann sind sie weiter gezogen; die Flüchtlinge waren zurückgekehrt in ihre alten Dörfer und Städte und hatten versucht, ihre Felder zu cultiviren und zu erneuern, was noch möglich war. Nach drei Monaten waren die Horden Tippu Tip's abermals erschienen und dasselbe Schauspiel hatte sich zum zweiten Male abgespielt, und drei Monate später noch einmal. Hungersnoth und das größte Elend war dadurch entstanden im ganzen Lande der Bene Ki. Das Gefolge von Hunger findet man meistens in Afrika in Gestalt irgend welcher Seuchen, hauptsächlich der Pocken. Man sagte mir, daß einige wenige Flüchtlinge sich nach Westen geflüchtet hätten, es war aber nur eine verschwindende kleine Zahl im Verhältniß zu jenen Tausenden, ich darf wohl sagen, Millionen, die ich da zum ersten Male vorgefunden hatte. Sie können sich wohl denken, welches Gefühl von Zorn und Entrüstung uns packte, wenn wir solche Sachen mit eigenen Augen und aus eigener Erfahrung sahen; wir zogen weiter und fanden Tag für Tag in jedem Dorfe das gleiche Schauspiel; wir kamen zum Lukasi=Fluß und fanden dort auch ein gewaltiges Lager der Räuber vor, die vor unserm Hinkommen alles vernichtet hatten. Ich habe lange überlegt, ob es nicht möglich sei, die Räuberbanden zu bestrafen für das, was sie gethan hatten, und es wurde mir, ich will es Ihnen bekennen, furchtbar schwer, mich zu überzeugen, daß mit meiner entkräfteten Karawane nichts auszurichten war. Ich mußte den Gedanken aufgeben, und mehr noch, ich war sogar gezwungen, mich mit den Räubern auf guten Fuß zu stellen, um nicht auch meine armen, halbverhungerten, an Krankheiten leidenden Begleiter zu verlieren. Was ich damals erlebt habe, das wird in mir bleiben, und ich hoffe, daß ich meine neunjährige Erfahrung noch einst verwenden kann zum Vortheil unserer Bestrebungen, wie sie einleitend in der heutigen Versammlung mehrfach dargelegt wurden. (Stürmischer Beifall!)

Jetzt folgte der evangelische Herr Missionsdirector a. D. Dr. Fabri aus Godesberg. Er legte besonders die Fehler klar, welche man seither in der Colonial=politik begangen. Es sei ihm eine besondere Genugthuung, daß sich am heutigen Tage die leider durch den „Kulturkampf" entzweiten Parteien brüderlich die Hand zum guten Werke reichen. Diesem einmüthigen Handeln werde Gottes Segen nicht fehlen. Am besten erscheine es, wenn zunächst die Vorstände der Comités der betheiligten Nationen sich mit einander in Verständigung setzten, um das größte Werk der Civilisation, das jemals seit Bestehen des Christenthums die Christenheit bewegt habe, zu vollenden. Das Werk sei nicht nur ein internationales, sondern auch ein interconfessionelles. Es sei für unser Vaterland ein willkommenes Ereigniß, wenn sich beide Confessionen zu einem neuen großartigen Kreuzzuge die Hände reichten. Auch dieser Vortrag fand lebhaften Beifall.

Zum Schluß sprach noch Professor Descamps aus Löwen, die Grüße der belgischen Anti=Sclavereigesellschaft überbringend, die ganz und gar für ein gemeinsames Vorgehen gegen den Sclavenhandel sei. Als praktische Grundlage in's Auge gefaßt habe man zunächst das Verbot der Einfuhr von Pulver, Waffen und Branntwein nach Afrika und eine bestimmte Organisation des Landes durch die europäischen Mächte.

Schließlich verlas Herr Stadtverordneter Rechtsanwalt Dr. Jul. Bachem die nachstehenden Resolutionen, die ohne Widerspruch und einstimmig angenommen wurden. Der Ausschuß wird beauftragt, dieselben dem Reichskanzler, dem Reichstage und dem Cardinal Lavigerie, dem Letzteren mit dem Danke für sein Vorgehen in der Antisclaverei=Bewegung, zu übersenden.

Die Resolutionen lauten:

1) Die Unterdrückung der afrikanischen Sclavenjagden mit ihren die Menschheit schändenden Greueln ist gemeinsame Pflicht und Aufgabe aller christlichen Staaten und die nothwendige Vorbedingung der wirklichen Aufhebung des Sclavenhandels.

2) Wie Artikel 6 der Congoacte alle Mächte zur Mitwirkung an der Unterdrückung der Sclaverei und zur Besserung des Looses der Eingeborenen verbindet, so liegt insbesondere dem Congostaat, England und Deutschland, welche von den arabischen Sclavenhändlern unmittelbar angegriffen und in ihren Interessen und nationalen Aufgaben verletzt sind, die Pflicht ob, unter gemeinsamer Verständigung den unvermeidlichen Kampf nachdrücklich aufzunehmen und durchzuführen.

3) Wir vertrauen, daß angesichts der in Ostafrika vor Allem durch die arabischen Sclavenhändler hervorgerufenen aufständischen Bewegung die Ehre der deutschen Flagge und die deutschen Interessen von der Reichsregierung wirksam gewahrt werden.

4) Darf ein solches Vorgehen auf die einmüthige Unterstützung des deutschen Volkes ohne Unterschied des religiösen Bekenntnisses und der politischen Parteiung rechnen, so wird, dessen sind wir gewiß, auch die thatkräftige Mitwirkung des Reichstages demselben nicht fehlen.

Auf vorstehende Resolutionen ist folgende Antwort an den Vorsitzenden der Gürzenich-Versammlung erfolgt:

Friedrichsruhe, 6. November 1888.

Ew. Hochwohlgeboren danke ich verbindlichst für die mit dem gefälligen Schreiben vom 27. v. M. erfolgte Mittheilung der Beschlüsse, welche die unter Ihrem Vorsitz abgehaltene Versammlung in Köln im Sinne der Unterdrückung des Sclavenhandels und des Schutzes der deutschen Culturarbeit in Afrika gefaßt hat. Die kaiserliche Regierung ist schon länger bemüht, eine Verständigung der betheiligten Mächte zum Zwecke der Ergreifung wirksamer Maß= regeln gegen den Negerhandel vorzubereiten, und führt in diesem Sinne zunächst Verhandlungen mit der königl. großbritannischen Regierung. Ich darf hoffen, daß dieselben in Kurzem die Grundlage bieten werden, um demnächst mit den auf der Ostküste von Afrika betheiligten Regierungen von Italien und Portugal und mit den an der Congo=Acte betheiligten Mächten in Unterhandlung zu treten.

(gez.) Fürst Bismarck.

Gründung des Afrika-Vereins für die deutschen Katholiken.

Endlich ist der Verfasser in der glücklichen Lage, auf die vielfachen Anfragen von Lesern der Humanus=Broschüre, wo, wann und wie der deutsche Verein gegen die Sclaverei ins Leben trete, eine bestimmte Antwort geben zu können.

„Afrika=Verein für die deutschen Katholiken" heißt das jüngste Kind katholischer Nächstenliebe. Seine Wiege steht im alten ehrwürdigen Köln, dem Mittelpunkte des katholischen Lebens in Deutsch= land. In den ersten Tagen des November hat sich der leitende Ausschuß gebildet und hat ihm Se. Eminenz der Cardinal Lavigerie von der vom hl. Vater für die verschiedenen Vereine bestimmten Summe be= reits 50 000 Mark überwiesen. Das Weitere werden die deutschen Katholiken selbst besorgen.

Der Humanus hat nun nicht mehr nöthig, um vorläufige An= meldungen zum Beitritte zu bitten, für deren reichlichen Eingang er hier öffentlich seinen besten Dank ausspricht; er bittet im Gegentheil recht dringend, rasch allenthalben Zweig=Vereine zu bilden; dann ist der Beitritt leichter gemacht und es erwachsen dem Einzelnen keine unnöthigen Portokosten. Freiwillige Gaben übermittle man doch recht bald an den Cassirer des nächsten Zweigvereins oder an den Schatzmeister des Central=Ausschusses in Köln. Jede aus gutem Herzen kommende Gabe, und wären es nur einige Freimarken, werden mit einem herz= lichen Vergelt's Gott dankend angenommen.

Der Centralverein steht unter dem Protectorate des hochw. Herrn Erzbischofs **Dr. Philippus Krementz** in Köln, Ehrenpräsident.

In den Verwaltungs-Ausschuß hat derselbe folgende Herren berufen:

Vorsitzender: Rechtsanwalt **Sieger**;
1. stellvertretender Vorsitzender: Religionslehrer **Karl Hespers**;
2. stellvertretender Vorsitzender: Landrichter **Karl Reichensperger**;
Schriftführer: Seminarprofessor **Dr. Schröder**;
Schatzmeister: Kaufmann **Heinrich Horten** am Neumarkt,

sämmtlich in Köln, und sämmtlich Namen von gutem katholischen Klang, auf welche wir volles Vertrauen setzen können.

Damit nun ein Jeder erfahre, was der Verein bezweckt und wie er seine Thätigkeit einrichtet, folgen hier die

Statuten.

§ 1.

Der Verein bezweckt:

1. Die Förderung der in Artikel 6 und 9 der General-Acte der Berliner Conferenz vom 26. Februar 1885 von den Signatarmächten übernommenen Aufgaben zur Erhaltung und Hebung der Bevölkerung Afrika's durch Unterdrückung des Sklavenhandels und der Sklaverei.
2. Die Civilisation der Neger durch Bekehrung zum Christenthum. Der Verein wird seine Thätigkeit in erster Linie auf Deutsch-Ostafrika richten.

§ 2.

Zur Erreichung dieser Zwecke wird der Verein:

1. sowohl durch die Presse wie durch Abhaltung von Versammlungen und, wenn erforderlich, durch Petitionen an die maßgebenden Stellen das Interesse an den Zielen des Vereins in weitern Kreisen Deutschlands wachzurufen und fruchtbar zu machen suchen;
2. durch Sammlung von Beiträgen Mittel beschaffen zur Unterstützung von Expeditionen, zur Bildung fester und gesicherter Wohnsitze für die bedrohten Neger, zur Gründung von Missionen, von Waisen-, Kranken- und Erziehungs-Häusern, überhaupt zur Christianisirung der Neger und Verbesserung ihrer moralischen und wirthschaftlichen Verhältnisse.

§ 3.

Der Verein, welcher seinen Sitz in Köln hat, steht unter dem Protectorate des hochw. Herrn Erzbischofs von Köln als Ehrenpräsident. Der Ehrenpräsident hat das Recht, allen Sitzungen des Vorstandes sowie des Verwaltungs-Ausschusses (§§ 7 und 9) mit beschließender Stimme beizuwohnen.

§ 4.

Jedes Mitglied des Vereins zahlt mindestens 1 Mark per Jahr.

§ 5.

Zur Bildung von Zweigvereinen ist der Zusammentritt von 20 Mitgliedern erforderlich, welche einen Vorsitzenden, einen Schriftführer und einen Schatzmeister zu erwählen haben. Der Vorsitzende hat den Anschluß des Zweigvereins bei dem Präsidenten des Central-Vereins anzuzeigen, und der Schatzmeister die gesammelten Beiträge dem Schatzmeister des Central-Vereins einzusenden.

§ 6.

Eine größere Anzahl von Zweigvereinen in derselben Diöcese kann unter dem Ehrenpräsidium des betr. Herrn Bischofs zu einem Diöcesanverein vereinigt werden, welcher directe Beziehungen zum Centralvorstand (§ 7) unterhält.

§ 7.

An der Spitze des Gesammtvereins steht ein Centralvorstand. Derselbe besteht, außer dem Ehrenpräsidenten, aus einem Verwaltungs-Ausschuß (§ 9) und den Vorsitzenden (bezw. deren Delegirten) der Diöcesan-Vereine.

§ 8.

Der Centralvorstand tritt mindestens einmal in jedem halben Jahre zu ordentlicher Sitzung zusammen, zu welcher sämmtliche Vorstands-Mitglieder spätestens vierzehn Tage vorher unter Angabe der Tagesordnung einzuladen sind.

Er beschließt mit einfacher Mehrheit der Anwesenden über alle Anträge auf dauernde Bewilligungen. Bei Stimmengleichheit entscheidet die Stimme des Vorsitzenden.

§ 9.

Der Verwaltungs-Ausschuß besteht aus dem Vorsitzenden, sowie dem ersten und zweiten stellvertretenden Vorsitzenden, dem Schriftführer und dem Schatzmeister; die beiden Letztern sowie einer der Vorsitzenden müssen in Köln wohnhaft sein.

Der Verwaltungs-Ausschuß erledigt die laufenden Geschäfte und entscheidet selbständig über Verwaltungskosten sowie über dringende Angelegenheiten.

§ 10.

Der Erzbischof von Köln als Ehrenpräsident ernennt die Mitglieder des ersten Verwaltungs-Ausschusses, welcher sich in der Folge durch Cooptation unter Zustimmung des Ehrenpräsidenten ergänzt.

§ 11.

Jährlich wird von Seiten des Verwaltungs-Ausschusses über die Thätigkeit des Vereins Bericht erstattet und vom Schatzmeister Rechnung gelegt. Der Jahresbericht ist in geeigneter Weise zu veröffentlichen.

§ 12.

Sind nach dem Ermessen des Centralvorstandes unter Zustimmung des Ehrenpräsidenten die Zwecke des Vereins nicht ferner erfüllbar, so beschließt der Vorstand unter gleicher Zustimmung die Auflösung des Vereins und verfügt über das vorhandene Reinvermögen zu wohlthätigen Zwecken.

* * *

Wir wollen aus vorstehenden Statuten drei Punkte vor allem hervorheben:

1) daß die Beiträge dem Ermessen und der Leistungsfähigkeit eines Jeden anheim gestellt sind, mit der Maßgabe jedoch, daß der geringste jährliche Beitrag nur eine Mark beträgt. In England, Frankreich, Belgien beträgt der Beitrag 10 Pfd. Sterling, resp. 100 Frcs. per Jahr. Indem das constituirende Comité einen so niedrigen Minimal-Satz aufstellte, hat es auch den Ärmeren die Möglichkeit gegeben, sich an dem guten Werke zu betheiligen, vertraut aber darauf, daß ein Jeder nach Kräften beisteuert. Dieser Grundsatz wurde von vorn herein in dieser Broschüre aufgestellt und hat Anklang gefunden.

2) Mitglieder können Angehörige beiderlei Geschlechts werden. Und das ist recht. Wendet sich doch Cardinal Lavigerie speciell an das Herz der Frauen, und sind es doch in Afrika gerade die Frauen, die am schrecklichsten zu leiden haben und vorzugsweise geraubt werden. Unsere katholischen Frauen werden es sich also zur Ehre und Pflicht machen, ihren Einfluß und ihre Ersparnisse zur Rettung ihrer Mit-

Schwestern zu verwenden. Wir wollen aber hier ausdrücklich den Wunsch aussprechen, daß sich bald ein **großer Verein katholischer deutscher Frauen selbstständig** bilden möge.

Und 3) scheint es uns ein Vortheil für die Ausbreitung des Vereins, daß je 20 Mitglieder einen **Zweigverein** bilden können. Wo finden sich in einer Gemeinde, in einem Verein nicht 20 katholische human denkende Männer, bereit, ein solches Werk zu unterstützen? Es bedarf, wir sind dessen überzeugt, nur der Anregung, und auch hierfür wird sich überall ein Mann oder eine Frau von Herz finden. Nicht allein Diöcesan- und Local-Vereine müssen wir haben, nein, das Werk muß in **alle Kreise** dringen. Wo sich eine Anzahl katholischer Männer zu ernstem Streben oder zur Unterhaltung vereinigt, da ist der Ort, die Listen zur Einzeichnung aufzulegen, in jedem Vereine, in jeder Anstalt, in jedem größeren Etablissement werden sich die 20 finden, und wenn an dieser Zahl einige fehlen, so nehme man die Gattin, den Bruder, die Schwester, Freund oder Freundin dazu, und der Zweigverein ist fertig. Wenn so die Bildung des Afrika-Vereins allseitig in die Hand genommen wird, so wird derselbe ein großes mächtiges Werk werden, das unserem kath. Deutschland Ehre macht. Jeder deutsche Katholik ist geborenes Mitglied; möge er sich dieses Rechtes bewußt sein und die Sache des Vereins zu seiner eigenen machen.

Hier möchten wir auch noch ein Wort sagen, das vielleicht gerade jetzt am Platze ist. Der junge Verein braucht Geld, viel Geld, und es ist weise, passende Gelegenheiten zur Vermehrung seiner Mittel zu verwerthen. Solche passende Gelegenheiten sind familiäre und öffentliche Festlichkeiten. Wo der Mensch sich freut, ist sein Herz leicht geneigt, auch der Unglücklichen zu gedenken. Also einige entsprechende Worte zu Gunsten des Werkes und dann in Rundgang mit dem Hute oder Teller, und die Festtheilnehmer werden die Genugthuung empfinden, sich nicht bloß amüsirt, sondern auch ein gutes Werk gethan zu haben.

Und nun schließt der Verfasser in der Hoffnung, mit der Herausgabe dieser Broschüre einen ersten kleinen Beitrag zur Rettung seiner Brüder und Schwestern in Afrika geleistet zu haben. Wenn die freundlichen Leser, woran kein Zweifel ist, dieses Werk edler Menschenliebe auch ferner mit Interesse verfolgen wollen, so finden sie dazu Gelegenheit durch ein Abonnement auf die Monatschrift **„Gott will es!"** worüber auf dem Umschlage Näheres gesagt ist.